L'origine
de l'herméneutique de soi

Directeurs de collection : Jean-François Braunstein,
Arnold I. Davidson et Daniele Lorenzini

Michel FOUCAULT

L'origine
de l'herméneutique de soi

Conférences prononcées à Dartmouth College, 1980

Édition établie par
Henri-Paul Fruchaud et Daniele Lorenzini

Introduction et apparat critique par
Laura Cremonesi, Arnold I. Davidson, Orazio Irrera,
Daniele Lorenzini, Martina Tazzioli

VRIN | Foucault inédit
Philosophie du présent

Les volumes de Michel Foucault sont publiés sous la direction de Jean-François Braunstein, Arnold I. Davidson, Henri-Paul Fruchaud et Daniele Lorenzini

© Librairie Philosophique J. VRIN, 2013

Imprimé en France

ISBN 978-2-7116-2509-3

www.vrin.fr

ABRÉVIATIONS UTILISÉES
POUR LES OUVRAGES DE MICHEL FOUCAULT

AN — *Les anormaux. Cours au Collège de France. 1974-1975*, éd. V. Marchetti et A. Salomoni, Paris, Seuil-Gallimard, 1999.

CV — *Le courage de la vérité. Le gouvernement de soi et des autres II. Cours au Collège de France. 1984*, éd. F. Gros, Paris, Seuil-Gallimard, 2009.

DE I — *Dits et écrits I, 1954-1975*, éd. D. Defert et F. Ewald avec la collaboration de J. Lagrange, Paris, Gallimard, 2001.

DE II — *Dits et écrits II, 1976-1988*, éd. D. Defert et F. Ewald avec la collaboration de J. Lagrange, Paris, Gallimard, 2001.

GSA — *Le gouvernement de soi et des autres. Cours au Collège de France. 1982-1983*, éd. F. Gros, Paris, Seuil-Gallimard, 2008.

GV — *Du gouvernement des vivants. Cours au Collège de France. 1979-1980*, éd. M. Senellart, Paris, Seuil-Gallimard, 2012.

HS — *L'herméneutique du sujet. Cours au Collège de France. 1981-1982*, éd. F. Gros, Paris, Seuil-Gallimard, 2001.

LVS — *Leçons sur la volonté de savoir. Cours au Collège de France. 1971-1972*, éd. D. Defert, Paris, Seuil-Gallimard, 2011.

MFDV — *Mal faire, dire vrai. Fonction de l'aveu en justice*, éd. F. Brion et B. Harcourt, Louvain-la-Neuve, Presses universitaires de Louvain, 2012.

SP — *Surveiller et punir. Naissance de la prison*, Paris, Gallimard, 1975.

SS — *Histoire de la sexualité III. Le souci de soi*, Paris, Gallimard, 1984.

STP — *Sécurité, territoire, population. Cours au Collège de France. 1977-1978*, éd. M. Senellart, Paris, Seuil-Gallimard, 2004.

SV — *Subjectivité et vérité. Cours au Collège de France. 1980-1981*, inédit, IMEC-Fonds Michel Foucault, C 63.

UP — *Histoire de la sexualité II. L'usage des plaisirs*, Paris, Gallimard, 1984.

VS — *Histoire de la sexualité I. La volonté de savoir*, Paris, Gallimard, 1976.

AVERTISSEMENT

Cette édition présente la traduction française de deux conférences prononcées en anglais par Michel Foucault à Dartmouth College les 17 et 24 novembre 1980 sous le titre de *Truth and Subjectivity* et *Christianity and Confession*. Peu de temps auparavant, les 20 et 21 octobre, il avait prononcé à l'Université de Californie à Berkeley, dans le cadre des Howison Lectures et sous le titre de *Subjectivity and Truth*, une version légèrement différente de ces mêmes conférences. Les variantes significatives de la version de Berkeley sont indiquées en note.

Nous avons inclus dans cette édition deux textes contemporains de ces conférences : la traduction d'un débat public en anglais qui s'est tenu à Berkeley le 23 octobre, dans lequel Foucault revient sur certains thèmes évoqués lors des conférences et répond à des questions sur ses travaux, ainsi qu'une interview en français accordée le 3 novembre à Michael Bess, qui en a publié une version anglaise.

Les textes ont été établis :

– Pour les conférences de Dartmouth College, à partir de la transcription réalisée par Thomas Keenan et Mark Blasius, dont un exemplaire est déposé à l'IMEC. Quelques erreurs de transcription ont été rectifiées.

– Pour les conférences de Berkeley et le débat, à partir des enregistrements disponibles sur le site du Media Resources Center de la Bibliothèque de l'Université de Californie à Berkeley. La transcription de l'enregistrement du débat a été réalisée par Davey K. Tomlinson.

– Pour l'interview, à partir de l'enregistrement dont un exemplaire est déposé à l'IMEC.

Les textes ont été établis de la façon la plus littérale possible. Nous avons seulement, quand cela paraissait indispensable, supprimé quelques redites ou, dans le débat, certaines hésitations de Foucault lorsqu'il lui arrive de chercher ses mots en anglais, et rectifié la construction des phrases incorrectes. Les ajouts ou les conjectures, lorsque l'enregistrement est difficilement audible, figurent entre crochets. Nous avons aussi pris le parti, dans le débat et l'interview, de résumer les questions et de ne pas retenir certains échanges sans intérêt pour leur objet.

Afin d'éviter tout risque de confusion avec le cours prononcé par Foucault au Collège de France en 1980-1981, qui porte, comme les conférences de Berkeley, le titre de *Subjectivité et vérité*, nous avons choisi d'intituler ce recueil *L'origine de l'herméneutique de soi*, suivant en cela, comme l'ont fait avant nous les éditeurs américains et italiens des conférences de Dartmouth College, une suggestion de Foucault lui-même dans la conférence du 20 octobre (*cf.* p. 41, note a).

Nous tenons à remercier très vivement Jean-François Braunstein, Arnold I. Davidson, Daniel Defert, François Ewald et Frédéric Gros pour le soutien, l'aide et les conseils qu'ils nous ont apportés pour la réalisation de cette édition.

H.-P. Fruchaud et D. Lorenzini

INTRODUCTION

Une généalogie du sujet moderne

Les deux conférences dont nous présentons ici pour la première fois la traduction française ont été prononcées initialement par Michel Foucault les 20 et 21 octobre 1980 à l'Université de Californie à Berkeley, où il avait été invité par le comité d'organisation des « Howison Lectures ». En cette occasion, seulement un peu plus de la moitié des mille cinq cents personnes accourues pour écouter Foucault put prendre place dans l'auditorium, tandis que les autres restèrent à l'extérieur en manifestant pour entrer[1]. Deux jours après la seconde conférence, le 23 octobre, toujours à Berkeley, Foucault répond à une série très variée de questions au cours d'un débat public qui a été enregistré, et le 3 novembre il accorde à Michael Bess une brève interview, en français, où il évoque plusieurs thèmes cruciaux pour son travail. Ensuite, avec Richard Sennett, Foucault dirige un séminaire à l'Institute for the Humanities de l'université de New York[2] et, quelques jours après,

1. *Cf.* D. Defert, « Chronologie », dans DE I, p. 80. Dans les quelques mots prononcés avant la première conférence, Foucault réagit à cette situation en plaignant, bien sûr, ceux qui n'avaient pas pu entrer, mais aussi ceux qui étaient là et qui allaient devoir écouter un discours sans doute très différent de celui qu'ils attendaient.

2. *Cf.* M. Foucault, « Sexualité et solitude », dans DE II, n° 295, p. 987-997.

il se rend à Dartmouth College, dans le New Hampshire, où, les 17 et 24 novembre, il prononce à nouveau les deux conférences de Berkeley, en y apportant cependant un certain nombre de modifications significatives.

Toutes ces interventions de l'automne 1980, aussi bien que la leçon inaugurale du cours donné par Foucault le printemps suivant à Louvain[1], ont en commun le même incipit, à savoir une description de la pratique thérapeutique de l'aliéniste François Leuret qui, par le moyen d'une série de douches froides, contraignait ses patients à faire l'aveu de leur propre folie. Au cœur de cette pratique, l'aveu se structure donc comme un acte verbal par lequel le sujet, en affirmant la « vérité » de ce qu'il est (« Je suis fou »), se lie à cette vérité, se soumet à un autre et modifie en même temps le rapport qu'il a à lui-même. Il s'agit d'ailleurs d'un épisode qui avait depuis longtemps retenu l'attention de Foucault[2], mais qui est utilisé ici, de façon tout à fait originale, pour introduire le projet d'une « généalogie du sujet moderne »[3].

Foucault explique qu'une telle généalogie se justifie par la nécessité théorique et pratique, qui s'est manifestée en France et dans toute l'Europe continentale après la seconde guerre mondiale, d'en finir avec la philosophie du sujet. Mais la généalogie foucaldienne du sujet moderne constitue également un point de discontinuité et une alternative par rapport aux autres tentatives

1. *Cf.* MFDV, p. 1-2.
2. Cf. *infra*, p. 53, n. 1.
3. Cf. *infra*, p. 33. Bien que le projet de retracer la généalogie du sujet moderne apparaisse à plusieurs reprises dans les textes foucaldiens, y compris dans *Du gouvernement des vivants* et dans *Mal faire, dire vrai*, le cadre théorique dans lequel Foucault inscrit ses analyses en ces deux derniers cas n'est pas le même que celui des conférences à Berkeley et à Dartmouth College : au Collège de France, en effet, le but explicite était d'étudier le « gouvernement des hommes par la manifestation de la vérité dans la forme de la subjectivité » (GV, p. 79), tandis qu'à Louvain il s'agira de tracer une « histoire politique des véridictions » pour analyser « comment les sujets sont effectivement liés dans et par les formes de véridiction où ils s'engagent » (MFDV, p. 9).

faites pour se démarquer de cette philosophie : le marxisme, le positivisme logique et le structuralisme. En jetant un regard rétrospectif sur ses propres recherches, Foucault revendique alors un usage spécifique (nietzschéen) de l'histoire, qui lui a permis d'analyser les processus de formation des sciences qui ont objectivé « l'homme » en tant qu'être parlant, vivant et travaillant, ainsi que les pratiques mises en place dans des institutions comme les hôpitaux, les asiles et les prisons. Ces dernières pratiques, en s'articulant à un type spécifique de connaissance, ont transformé le sujet en objet de domination, et devraient par conséquent être inscrites parmi les « techniques » [1] utilisées dans nos sociétés pour déterminer la conduite des individus.

C'est dans le sillage de ces analyses que Foucault entreprend son projet d'une histoire de la sexualité, en s'apercevant bientôt de la nécessité d'étudier aussi les formes de connaissance que, au cours des siècles, le sujet a développées et mises en œuvre sur lui-même et à propos de lui-même. Foucault inaugure ainsi, à partir de 1980, un vaste chantier de recherches généalogiques sur les rapports entre subjectivité et vérité, où un rôle décisif sera donné aux « techniques de soi », c'est-à-dire ces techniques « qui permettent aux individus d'effectuer, par eux-mêmes [ou avec l'aide d'autres personnes], un certain nombre d'opérations sur leurs propres corps, sur leurs propres âmes, sur leurs propres pensées, sur leur propre conduite, et cela de manière à se transformer eux-mêmes, se modifier eux-mêmes et atteindre un certain

---

1. Dans la leçon du 25 mars 1981 du cours au Collège de France *Subjectivité et vérité*, Foucault donne des « techniques » la définition suivante : « [Les techniques sont] des procédures réglées, des manières de faire qui ont été réfléchies et sont destinées à opérer sur un objet déterminé un certain nombre de transformations. Ces transformations sont ordonnées à certaines fins qu'il s'agit d'atteindre à travers ces dites transformations » (SV, « Leçon du 25 mars 1981 »). Nous remercions Frédéric Gros de nous avoir communiqué la transcription de ce cours, dont il prépare actuellement l'édition.

état de perfection, de bonheur, de pureté, de pouvoir surnaturel, etc. »[1].

Dans ce parcours, 1980 est une année clé, un véritable tournant. En effet, c'est dans le cours au Collège de France *Du gouvernement des vivants* que Foucault élabore le projet d'une histoire des « actes de vérité » – indiquant par cette expression « la part qui revient à un sujet dans les procédures d'alèthurgie » –, ou mieux des actes de vérité « réfléchis », où le sujet est à la fois l'acteur, le témoin et l'objet de la manifestation de vérité, et dont l'aveu constitue bien sûr la forme la plus pure et la plus importante historiquement[2]. Foucault développera davantage ses analyses sur les rapports entre subjectivité et vérité dans le cours au Collège de France de 1980-1981 et dans *Mal faire, dire vrai*, mais plus généralement cette piste de recherche demeurera au cœur de son travail jusqu'en 1984, quand, lors de la leçon inaugurale du *Courage de la vérité*, Foucault opposera à l'analyse « épistémologique » des structures propres aux différents discours qui se donnent et sont reçus comme discours vrais, l'étude des formes « alèthurgiques », c'est-à-dire des formes par lesquelles la vérité est produite et se manifeste[3].

Cependant, comme l'exemple de Leuret et de son patient le montre clairement, la production par le sujet d'un discours de vérité sur lui-même constitue un instrument à la fois de subjectivation et d'assujettissement – une des formes principales de notre obéissance. Foucault l'avait déjà affirmé lors de son analyse du pouvoir pastoral dans *Sécurité, territoire, population*, où il avait ensuite introduit le concept de « conduite » qui, avec son ambiguïté essentielle (être conduit par les autres/se conduire soi-même), faisait apparaître la relation de soi à soi comme le

1. *Infra*, p. 38.
2. GV, p. 79-80.
3. CV, p. 4-5.

lieu décisif d'articulation des technologies de pouvoir et des pratiques de résistance[1]. À Berkeley et à Dartmouth College, Foucault reprend ces idées en affirmant que le « gouvernement » est « le point de contact, où [la façon dont] les individus sont dirigés par les autres s'articule sur la façon dont ils se conduisent eux-mêmes », et c'est précisément à travers cette définition du gouvernement comme « équilibre instable [...] entre les techniques qui assurent la coercition et les processus par lesquels le soi se construit ou se modifie par lui-même »[2] que Foucault ouvre l'espace conceptuel où il situe son projet d'une généalogie du sujet occidental moderne.

Ainsi, les deux conférences que nous présentons ici s'attachent à étudier les pratiques de l'examen de soi et de l'aveu, d'abord dans les écoles philosophiques de l'Antiquité gréco-romaine, et ensuite dans le christianisme des premiers siècles, afin de mettre en relief les transformations radicales qui ont marqué le passage de l'ancien principe delphique « connais-toi toi-même » (*gnôthi seauton*) au précepte monastique « avoue à ton guide spirituel chacune de tes pensées » (*omnes cogitationes*). La structure de ces conférences s'avère donc assez singulière, car l'analyse des techniques de soi antiques et celle des techniques de soi chrétiennes ont le même poids et possèdent un statut autonome l'une par rapport à l'autre, sans que la première soit abordée seulement en fonction ou à la lumière de la seconde (comme c'était le cas dans *Sécurité, territoire, population* et dans *Du gouvernement des vivants*), ou vice-versa (comme Foucault le fera dans les cours suivants au Collège de France).

---

1. *Cf.* STP, p. 188, 196-197.
2. *Infra*, p. 38-39. Foucault revient sur cette idée pendant le débat public qui eut lieu après ses conférences de Berkeley, en parlant d'un « *appui réciproque* » entre les techniques de soi et la façon dont nous sommes gouvernés (*infra*, p. 122).

Subjectivité et vérité dans l'Antiquité gréco-romaine

Le but principal de l'étude des techniques de soi antiques (en particulier, de l'examen de soi et de la direction de conscience) conduite par Foucault dans la première conférence est de montrer que, dans l'Antiquité gréco-romaine, l'herméneutique du sujet était absente, et donc qu'elle est une « invention » typiquement chrétienne, comme la seconde conférence l'expliquera. Au sein des écoles philosophiques antiques, en effet, l'obligation de dire la vérité sur soi-même occupait une place assez modeste, car leur objectif résidait plutôt dans la transformation de l'individu au moyen de l'activation, en lui, d'une série de préceptes censés orienter sa conduite dans toutes les circonstances de la vie et lui permettre d'atteindre un certain nombre de fins : la maîtrise de soi, la tranquillité de l'âme, la pureté du corps et de l'esprit, etc. L'accent était donc placé moins sur la verbalisation du disciple que sur le discours du maître, et le lien entre disciple et maître demeurait tout à fait provisoire et circonstanciel : il s'agissait d'une relation temporaire qui visait à faire acquérir au dirigé un certain degré d'autonomie, et qui s'arrêtait aussitôt que ce résultat avait été obtenu. Par conséquent, il n'y avait aucune nécessité, pour l'individu, ni d'entreprendre l'exploration analytique de soi, ni d'exposer à l'autre une vérité secrète sur soi.

Dans les conférences que nous présentons ici, contrairement à ce qu'il avait fait au Collège de France et à ce qu'il fera à Louvain[1], pour illustrer la spécificité de l'examen de soi dans l'Antiquité gréco-romaine, Foucault décide d'omettre la référence à l'examen de conscience pythagoricien et de se concentrer seulement sur le troisième livre du *De ira* de Sénèque. À travers une analyse terminologique serrée, Foucault met alors en relief le fait que Sénèque emploie moins un vocabulaire judiciaire,

---

1. *Cf.* GV, p. 232-241 et MFDV, p. 92-97.

présupposant une scène dans laquelle le sujet serait, à l'égard de lui-même, à la fois juge et accusé, que celui de l'inspection administrative des biens et du territoire : il n'est pas question ici d'avouer une faute ou d'établir des punitions, mais plutôt de comprendre les « erreurs » que l'on a commises par rapport aux buts et aux règles de conduite qu'on s'était donnés, afin de ne pas répéter ces erreurs une deuxième fois. Cette faille dans l'application pratique de certains schèmes d'action ne requiert donc rien d'autre, de la part de l'individu, qu'une remémoration de ses actes et une réactivation des principes rationnels de conduite, afin d'établir un meilleur ajustement entre les moyens et les fins.

Foucault, dans les années suivantes, reviendra plusieurs fois sur l'analyse du troisième livre du *De ira*, dans des contextes différents et avec des inflexions toujours spécifiques[1]. À Berkeley et à Dartmouth College, toutefois, après avoir énuméré les caractères de l'examen de soi décrit par Sénèque, Foucault se concentre sur l'*expositio animae* au sein de la direction de conscience antique. Ainsi, pour la première fois, il accompagne la lecture du *De ira* de l'analyse d'un autre texte de Sénèque, le *De tranquillitate animi*, dont il n'avait pas trouvé le temps de parler au Collège de France, même s'il l'avait mentionné dans le manuscrit préparatoire du cours[2]. Un schéma argumentatif analogue reviendra d'ailleurs à Louvain où, le 29 avril 1981, Foucault étudiera ces deux textes de Sénèque pour explorer les « deux grandes formes » qu'ont prises les procédures de véridiction, de découverte et de manifestation de la vérité de soi-même dans la pratique philosophique antique[3].

Le cadre à l'intérieur duquel Foucault analyse le *De tranquillitate animi* est donc celui de la direction de conscience, et

---

1. Cf. *infra*, p. 59-60, n. 25 et 26.
2. *Cf.* GV, p. 235.
3. MFDV, p. 92.

même dans ce cas le *verum fateri* de Serenus, son « dire-vrai », n'a rien à voir avec la verbalisation de pensées cachées ou de désirs honteux. Si la lettre de Serenus à Sénèque qui ouvre le texte peut en effet être lue, aujourd'hui, comme une sorte d'aveu que le dirigé adresse à son directeur pour lui révéler les secrets les plus profonds de son âme, l'interprétation que Foucault en propose vise au contraire à montrer que la pratique de l'aveu au sens où nous l'entendons aujourd'hui est absente. Serenus ne dévoile pas à Sénèque ses pensées cachées, ni n'essaie de repérer et de verbaliser les « fautes » commises. Il demande plutôt à Sénèque des conseils censés l'aider à réorienter sa conduite quotidienne et à établir une correspondance entre sa manière de vivre et un ensemble donné de principes philosophiques et moraux – correspondance qu'il oublie trop souvent quand des événements extérieurs ou des ambitions mondaines viennent le distraire de son véritable objectif, la tranquillité de l'âme.

L'aide que Sénèque, en tant que directeur de conscience, peut offrir à Serenus ne consiste donc ni dans le fait de lui exposer une théorie philosophique, ni dans le simple fait de lui rappeler les préceptes moraux à suivre. Il s'agit plutôt, pour Sénèque, d'ajouter quelque chose à la pure connaissance des principes rationnels d'action – connaissance que Serenus possède déjà –, afin de la transformer en un véritable mode de vie. Le discours de Sénèque, en d'autres termes, vise à transformer les principes théoriques en une « force victorieuse », à donner une place « à la vérité en tant que force »[1]. C'est par cette expression, qui constitue un des aspects les plus singuliers des conférences de Berkeley et de Dartmouth College, que Foucault met en lumière une série de traits qui caractérisent le rapport antique entre subjectivité et

---

1. *Infra*, p. 48.

vérité, et le différencient radicalement de la forme qu'il prendra au sein du christianisme et à l'époque moderne.

Premièrement, Foucault explique que cette vérité n'est pas définie par une correspondance avec la réalité : elle se définit plutôt comme une force liée aux principes eux-mêmes et qui se manifeste à travers un discours. Deuxièmement, cette vérité ne se trouve pas dans les profondeurs de la conscience : au contraire, elle est devant l'individu, comme une sorte de « force magnétique » qui l'attire vers un but spécifique. Troisièmement, l'accès à cette vérité ne s'obtient pas par une exploration analytique de soi, mais plutôt par les arguments, les démonstrations, les exemples persuasifs et les explications rhétoriques d'un maître. Enfin, cette vérité ne possède pas des effets individualisants qui découleraient de la découverte de certaines caractéristiques personnelles du sujet : au contraire, elle transforme le sujet en un nœud où s'articulent, sans discontinuité, la connaissance et la volonté. Ainsi, cette « vérité en tant que force » reste dans le cadre de ce que les Grecs appelaient « *gnômê* » : « une courte phrase par laquelle la vérité apparaît dans toute sa force et s'incruste dans l'âme des gens », en transformant l'individu en sujet à la fois de connaissance et de volonté[1]. À Berkeley, Foucault peut donc conclure qu'examen de soi et aveu, dans l'Antiquité gréco-romaine, structurent le rapport entre maître et disciple comme un « jeu de vérité » dont l'objectif n'est pas de découvrir la vérité cachée au fond du sujet, mais de faire du sujet un lieu « où la vérité puisse apparaître et agir en tant que force réelle »[2].

Il convient de noter que ce développement sur la « vérité en tant que force » ne se retrouvera ni dans l'analyse du *De tranquillitate animi* conduite par Foucault à Louvain, le 29 avril

---

1. *Infra*, p. 50.
2. *Infra*, p. 51, n. a.

1981[1], ni dans son cours au Collège de France de 1981-1982. Toutefois, dans la leçon du 27 janvier 1982, Foucault semble inscrire cette même puissance de transformation qui caractérise la «vérité en tant que force» du *De tranquillitate animi* dans la figure générale du philosophe qui, en tant que maître, «est un opérateur dans la réforme de l'individu et dans la formation de l'individu comme sujet»[2]. C'est d'ailleurs à l'intérieur de ce cadre que Foucault introduit pour la première fois la notion de *parrêsia*, entendue comme une «éthique de la parole» et «une des conditions, un des principes éthiques fondamentaux de la direction»[3]. Et pourtant, si, à Berkeley et à Dartmouth College, à propos de la «vérité en tant que force» et de la *gnômê*, Foucault avait souligné plusieurs fois l'importance des qualités rhétoriques du discours du maître, en revanche dans *L'herméneutique du sujet*, à propos de la *parrêsia* et du rôle qu'elle joue au sein de la direction de conscience antique, il insiste sur les différences qui séparent nettement la rhétorique – entendue comme art de persuader – et la *parrêsia*, qui trouve plutôt son fondement dans la coïncidence éthique du sujet de la parole et du sujet de la conduite[4].

---

1. *Cf.* MFDV, p. 97-101.

2. HS, p. 125. Dans la leçon du 10 février 1982, en utilisant une expression de Plutarque, Foucault précise que, dans le cadre de l'ascèse philosophique antique, ce qui est décisif est le caractère «éthopoiétique» ou non du savoir : lorsque le savoir fonctionne de telle manière qu'il est capable de modifier, de transformer l'*êthos* – c'est-à-dire la manière d'être, le mode d'existence de l'individu –, alors et seulement alors il est considéré comme utile. *Cf.* HS, p. 227-228. Voir également M. Foucault, «L'écriture de soi», dans DE II, n° 329, p. 1237.

3. HS, p. 132-133.

4. *Cf.* HS, p. 350, 365-369.

Subjectivité et vérité dans le christianisme primitif

L'examen de soi et la direction de conscience, avec une série d'autres pratiques élaborées au sein des écoles philosophiques antiques, furent reçus en héritage par le christianisme, et ainsi transférés dans un contexte profondément marqué par des modalités nouvelles d'exercice du pouvoir et des procédés inédits d'extraction de la vérité du sujet. Les modes de formation du sujet qui découlent de la technologie de soi chrétienne sont donc très différents de ceux qu'on trouve dans l'Antiquité gréco-romaine, et la mise en lumière de cette discontinuité fondamentale constitue l'objectif des analyses développées par Foucault dans la seconde conférence de Berkeley et de Dartmouth College.

Face aux deux types d'« obligation de vérité » qui ont caractérisé historiquement le christianisme – le premier qui concerne la foi, le Livre et le dogme, le deuxième en revanche le soi, l'âme et le cœur –, Foucault se concentre sur l'analyse de ce dernier, en soulignant dès le début l'étroite relation qui noue, dans le christianisme, la production de la vérité de soi à la possibilité d'accéder à la lumière divine. Ces deux opérations requièrent donc une série de techniques qui codifient l'obligation, pour le sujet, de manifester à un autre sa propre vérité. Et si, dans le cours au Collège de France de 1979-1980, Foucault avait analysé trois grandes pratiques de manifestation de la vérité individuelle au sein du christianisme primitif (le baptême, la pénitence ecclésiale ou canonique et la direction de conscience), dans les conférences que nous présentons ici, il efface toute référence au baptême et ne s'intéresse qu'aux rites pénitentiels et à la direction de conscience au sein des institutions monastiques.

Foucault explique que, dans le christianisme des premiers siècles, la pénitence n'est pas considérée comme un acte : elle est au contraire un statut qui, à travers l'imposition d'une série codifiée d'obligations à un individu ayant commis un ou plusieurs péchés graves, a pour fonction de lui éviter l'expulsion définitive hors de la communauté de l'Église. La pénitence prend ainsi la forme d'une affaire de longue durée, d'une sorte de discipline générale de l'existence qui implique toute une réglementation restrictive de l'alimentation, de l'habillement, des rapports sexuels, etc. À l'intérieur de ce cadre, Foucault met en relief l'importance d'une obligation spécifique : le pénitent doit manifester la vérité de lui-même en tant que pécheur, et cela dans une forme ritualisée que les Pères grecs désignent par le mot d'*exomologesis* et Tertullien par l'expression significative de « *publicatio sui* ». En effet, cette manifestation de la vérité de soi-même en tant que pécheur ne s'accomplit pas à travers la verbalisation détaillée des fautes commises, mais par la « dramatisation » de son propre statut, qu'il faut « mettre en scène » en s'habillant misérablement, en portant le cilice, en se couvrant la tête et le corps de cendres, en suppliant et en pleurant, en jeûnant régulièrement, en s'exposant au blâme public pendant les cérémonies religieuses – bref, par une constante mortification de soi-même offerte au regard des autres.

L'absence de la verbalisation analytique des fautes commises n'empêche donc pas le pénitent de se montrer « théâtralement » comme pécheur, c'est-à-dire comme quelqu'un qui a préféré la mort spirituelle à la vie éternelle. Et s'il souhaite être réintégré dans la communauté des fidèles, le pénitent doit manifester – par ses actes, par son aspect corporel, par son existence toute entière – la volonté de se libérer de ce monde qui l'a corrompu, de se débarrasser de son propre corps et de sa propre chair qui l'ont poussé au péché, de *mourir* donc à soi-même en tant que pécheur. Dans la pratique de l'*exomologesis*, par conséquent, la manifestation de la vérité de soi-même ne s'effectue plus en superposant le sujet de connaissance au sujet de volonté : au contraire, par la

« représentation dramatique du renoncement à soi »[1], cette manifestation est censée produire une « rupture » radicale dans le sujet.

À côté de cette forme publique et gestuelle d'aveu, dans les communautés monastiques émerge et s'élabore, à partir du IVᵉ siècle après J.-C., une autre forme d'aveu, une autre modalité de manifestation de la vérité de soi-même, très différente de celle-ci et dont l'histoire s'avère décisive. Il s'agit de l'*exagoreusis*, une technologie spécifique qui implique pour le pécheur l'obligation d'exposer verbalement, de façon détaillée et analytique, les fautes commises au directeur spirituel, et cela dans une relation d'obéissance totale à sa volonté. D'après Foucault, cet aveu verbal et exhaustif, couplé à l'examen permanent de soi et de ses propres pensées, entraîne des conséquences décisives au niveau de la constitution du sujet : c'est ici, en effet, qu'il faudrait repérer l'origine de cette « herméneutique de soi » qui, bien que modifiée dans ses traits et dans ses buts, nous est encore proposée aujourd'hui.

Dans les conférences de Berkeley et de Dartmouth College, Foucault soutient que les deux pôles autour desquels le monachisme a radicalement transformé la structure, l'objet et la finalité de la direction de conscience antique sont le principe d'obéissance et celui de contemplation. Si la direction dans l'Antiquité gréco-romaine était utilitaire et provisoire, et si l'obéissance du disciple visait toujours à l'acquisition finale d'un certain degré d'autonomie et de maîtrise de soi, au sein des communautés monastiques, au contraire, la direction devient permanente et totalisante : elle doit prendre en charge tous les aspects de la vie du dirigé, dont l'obéissance prend la forme d'un sacrifice perpétuel et indéfini de sa propre volonté ayant pour but la purification de l'âme, condition nécessaire de la contemplation de Dieu.

1. *Infra*, p. 73.

Dans ce contexte, en commentant plusieurs passages des *Institutiones* et des *Collationes* de Jean Cassien, Foucault montre que l'examen de soi chrétien ne porte plus sur les actes, comme c'était le cas dans l'Antiquité gréco-romaine, mais sur un domaine « antérieur » qui se constitue – et il s'agit d'une innovation radicale – comme un « champ de données objectives qu'il faut interpréter »[1]. C'est le domaine des pensées (*logismoi* ou *cogitationes*), qui rendent l'âme mobile et l'exposent aux dangers de la *concupiscentia*, et qui, par conséquent, détournent l'attention du moine et menacent de troubler sa contemplation de Dieu. Ce flux incessant des pensées constitue la matière que le moine est appelé à examiner perpétuellement afin de se purifier et de découvrir la vérité de soi-même. Et cependant, la nature, la qualité et la substance des pensées doivent faire l'objet d'un effort d'interprétation indéfinie et soupçonneuse, non pas pour repérer une correspondance entre l'idée et la réalité, ni pour trouver une règle logique en mesure d'établir si une idée est vraie ou fausse, mais plutôt pour permettre au moine de remonter aux origines les plus secrètes et les plus cachées de ses pensées et déterminer ainsi si elles ont été envoyées par Dieu ou par Satan.

Pour illustrer les caractères saillants de l'examen de soi chrétien, Foucault cite et commente en particulier trois comparaisons employées par Cassien – celle de la meule, celle de l'officier et celle du changeur d'argent –, et introduit à propos de cette dernière le problème de ce que les Pères latins appelaient « *discretio* », c'est-à-dire la capacité spécifique consistant à séparer, selon la juste mesure, ce qui apparaît mélangé ou, en d'autres termes, à faire le tri des pensées. Par ailleurs, la métaphore du changeur d'argent chez Cassien donne à Foucault l'opportunité de poser la question de sa possible ressemblance

---

1. *Infra*, p. 89.

avec l'image de la censure chez Freud, image qui, en revanche, dans la leçon du 12 mars 1980 du cours *Du gouvernement des vivants*, avait été rapprochée de l'examen de soi du *De ira* de Sénèque[1].

Pourtant, ce perpétuel travail herméneutique de soi-même peut être efficace seulement à condition que le moine verbalise ses pensées, de façon exhaustive et permanente, en présence de son directeur spirituel : l'aveu est le corrélatif essentiel de l'examen de soi chrétien, car il possède en lui-même une incontournable fonction interprétative. En effet, selon Cassien, les pensées mauvaises sont reconnaissables par la tenace résistance qu'elles opposent au fait d'être verbalisées, car Satan, le principe du mal qui les habite, est incompatible avec la lumière du discours explicite. La verbalisation exhaustive de ses pensées, faite en présence du directeur de conscience auquel le moine doit une obéissance absolue, a donc pour but d'exposer ces pensées à la lumière divine et les forcer ainsi à montrer ce qu'elles sont, en purifiant en même temps l'âme du moine.

Foucault peut alors conclure que, certes, l'*exomologesis* et l'*exagoreusis* sont deux manières de manifester la vérité de soi-même très différentes l'une de l'autre, la première étant tournée vers la manifestation de l'être du pécheur (tentation « ontologique » du christianisme), tandis que la seconde l'est vers l'analyse permanente de la pensée (tentation « épistémologique » du christianisme). Et cependant, ces deux techniques possèdent un trait fondamental en commun, à savoir la mortification, le renoncement à soi et à sa propre volonté, si bien que, dans les deux cas, la révélation de la vérité de soi-même ne peut jamais être dissociée de l'obligation de sacrifier le soi[2].

1. *Cf.* GV, p. 237.
2. *Infra*, p. 89-90.

Enjeux philosophiques, éthiques et politiques

La structure des conférences que nous présentons ici s'articule très clairement autour de l'opposition entre techniques de soi antiques et chrétiennes. Mais, dans la version prononcée à Berkeley, Foucault enrichit cette opposition d'un schéma inédit, exprimé en termes saisissants, dont les trois étapes correspondent à trois configurations assumées par le « soi » au cours de l'histoire occidentale.

Premièrement, dans l'Antiquité gréco-romaine, les techniques de l'examen de soi et de l'aveu ont pour corrélatif un « soi gnomique » pour qui « la force de la vérité ne fait qu'un avec la forme de la volonté »[1] : ici, le soi est constitué par la force d'une vérité qui vient de l'extérieur et qui est liée, en particulier, au discours du maître, censé aider le disciple à s'approprier, à incorporer, à « subjectiver » une série donnée de règles de conduite. Deuxièmement, il y a un « soi gnostique » qui, au contraire, doit être découvert à l'intérieur de l'individu « comme une parcelle, une étincelle oubliée de la lumière primitive »[2]. Ainsi, à Berkeley, le gnosticisme s'interpose entre l'Antiquité gréco-romaine et le christianisme, en donnant lieu à une configuration du « soi » historiquement spécifique qui complique le schéma binaire que Foucault décidera d'utiliser à Dartmouth College. Enfin, les techniques chrétiennes de l'examen de soi et de l'aveu ont pour corrélatif un « soi gnoséologique »[3], qui pose le problème de la découverte et du déchiffrement, par un travail herméneutique, de la vérité secrète de soi ; et cela, non point pour être illuminé et transfiguré par elle, mais plutôt pour mieux renoncer à soi-même, car il se

---

1. *Infra*, p. 50.
2. *Infra*, p. 68, n. a.
3. *Infra*, p. 89.

peut que ce qui se trouve au plus profond de soi-même soit l'Autre (Satan).

Dans la version prononcée à Dartmouth College, peut-être pour des raisons de clarté ou de simplification, Foucault n'évoquera plus le « soi gnostique » et présentera un schéma à deux termes fondé sur l'opposition entre « soi gnomique » et « soi gnoséologique ». Cette schématisation, inscrite à l'intérieur du projet d'une généalogie du sujet moderne, contribue de façon décisive à faire émerger le lien des analyses foucaldiennes avec l'actualité. Ainsi, dans ces conférences plus qu'ailleurs, Foucault souligne explicitement les enjeux politiques de son étude de l'Antiquité gréco-romaine et du christianisme primitif – enjeux certes présents aussi dans ses cours au Collège de France et dans ses livres, mais le plus souvent en filigrane.

Au début de la première conférence de Berkeley, Foucault explique que, d'après lui, une analyse possède une « dimension politique » quand elle concerne ce que nous voulons « accepter, refuser et changer, tant en nous-mêmes que dans notre situation », et en même temps il inscrit ses propos dans l'horizon d'« un autre type de philosophie critique », une philosophie critique qui cherche « les conditions et les possibilités indéfinies d'une transformation du sujet, de notre propre transformation »[1]. Ce passage mérite sans doute d'être rapproché de ce que Foucault dit dans l'interview avec Michael Bess, où les variables accepter/refuser, avec leurs « seuils de tolérance », donnent lieu à l'affirmation selon laquelle « il y aura toujours des gens qui ne voudront pas accepter, il y aura toujours des points où les gens se révolteront, résisteront »[2]. Refuser un système donné de relations de pouvoir, résister aux relations de pouvoir trop figées, immobilisées, est

1. *Infra*, p. 37, n. b.
2. *Infra*, p. 151.

donc la condition nécessaire pour créer les possibilités *indéfinies* d'une transformation du sujet et pour «relancer aussi loin et aussi largement que possible le travail *indéfini* de la liberté»[1]. Et c'est précisément cette idée de l'«indéfini» qui marque le champ, à la fois politique et éthique, de la philosophie critique foucaldienne, en le distinguant de presque toutes les autres philosophies critiques post-kantiennes.

Dans la conclusion de la seconde conférence, Foucault soutient que ce qui a caractérisé la culture occidentale à partir de l'âge moderne a été la tentative de trouver un fondement positif pour l'herméneutique de soi héritée du christianisme : le but des institutions judiciaires, des pratiques médicales et psychiatriques, le but aussi de la théorie politique et philosophique, a été en effet de substituer la figure positive de l'homme – ce que Foucault appelle «l'anthropologisme permanent de la pensée occidentale» – au sacrifice de soi qui était, pour le christianisme, la condition de l'ouverture du soi en tant que champ d'une interprétation illimitée. Et pourtant, le soi n'étant «rien d'autre que le corrélatif historique de la technologie construite au cours de notre histoire»[2], le moment est peut-être venu, selon Foucault, de comprendre que notre problème est plutôt de changer cette technologie, en nous débarrassant ainsi de l'herméneutique de soi[3].

1. M. Foucault, «What is Enlightenment?», dans DE II, n° 339, p. 1393 (nous soulignons).

2. *Infra*, p. 90.

3. On pourrait voir ici une illustration *avant la lettre* des dernières définitions foucaldiennes de l'archéologie et de la généalogie. Montrer que le soi n'est rien d'autre que le corrélatif historique de la technologie construite au cours de notre histoire est, en effet, une façon de mettre en acte la critique archéologique – «archéologique» en ce sens qu'elle cherche «à traiter les discours qui articulent ce que nous pensons, disons et faisons comme autant d'événements historiques». Et essayer de changer cette technologie correspond au moment de la critique généalogique, qui ne déduit pas «de la forme de ce que nous sommes ce qu'il nous est impossible de faire ou de connaître»,

Mais refuser, changer, se débarrasser ne sont que les conditions éthico-politiques, rendues possibles par le travail généalogique, de la création, de l'innovation, de l'invention. Répondant à Michael Bess, Foucault place au centre de sa morale trois éléments fondamentaux : le refus, la curiosité et l'innovation. Ces mêmes éléments caractérisent aussi ce que, à Berkeley et à Dartmouth College, il appelle une « politique de nous-mêmes »[1].

LAURA CREMONESI, ARNOLD I. DAVIDSON,
ORAZIO IRRERA, DANIELE LORENZINI, MARTINA TAZZIOLI

---

mais qui dégage « de la contingence qui nous a fait être ce que nous sommes la possibilité de ne plus être, faire ou penser ce que nous sommes, faisons ou pensons » (M. Foucault, « What is Enlightenment ? », art. cit., p. 1393).

1. *Infra*, p. 91.

SUBJECTIVITÉ ET VÉRITÉ
CHRISTIANISME ET AVEU

*Deux conférences prononcées par Michel Foucault
à Dartmouth College les 17 et 24 novembre 1980*

SUBJECTIVITÉ ET VÉRITÉ
17 novembre 1980

Dans un ouvrage consacré au traitement moral de la folie et publié en 1840, un psychiatre français, Leuret, raconte comment il a traité l'un de ses patients – traité et, comme vous pouvez bien sûr l'imaginer, guéri. Un matin, le Docteur Leuret fait entrer Monsieur A., son patient, dans une salle de douche. Il lui fait raconter en détail son délire.

« Bon, tout cela, dit le docteur, n'est que de la folie. Promettez moi de ne plus y croire du tout. »

Le patient hésite, puis promet.

« Ce n'est pas suffisant, répond le médecin, vous avez déjà fait ce genre de promesses, et vous ne les avez pas tenues. » Et le médecin ouvre le robinet et fait couler une douche froide sur la tête du patient.

« Oui, oui ! je suis fou ! », crie le patient.

La douche est fermée et l'interrogatoire reprend.

« Oui, je reconnais que je suis fou », répète le patient, et il ajoute : « Je le reconnais parce que vous me forcez à le faire. »

Nouvelle douche. Nouvel aveu. L'interrogatoire reprend.

« Je vous assure pourtant, dit le patient, que j'ai entendu des voix et vu des ennemis autour de moi. »

Nouvelle douche.

« C'est bon, dit Monsieur A., le patient, je l'admets. Je suis fou ; tout cela était de la folie. »[1]

Amener quelqu'un qui souffre d'une maladie mentale à reconnaître qu'il est fou est une procédure très ancienne. Tout le monde dans la médecine ancienne, avant le milieu du XIXᵉ siècle, était persuadé qu'il y avait incompatibilité entre la folie et la reconnaissance de la folie. Et dans les travaux[a], par exemple, des XVIIᵉ et XVIIIᵉ siècles, on trouve de nombreux exemples de ce qu'on pourrait appeler les thérapies de vérité. Les fous guériraient si on parvenait à leur montrer que leur délire était[b] sans rapport avec la réalité.

Mais, comme vous voyez, la technique utilisée par Leuret est tout à fait différente. Il n'essaie pas de persuader son patient que ses idées sont fausses ou déraisonnables. Ce qui se passe dans la tête de Monsieur A. n'intéresse pas le médecin. Leuret veut obtenir un acte précis : l'affirmation explicite « Je suis fou ». On reconnaît là facilement la transposition, dans la thérapie psychiatrique, de procédures qui ont été longtemps utilisées dans les institutions judiciaires et religieuses[2]. Déclarer à haute et intelligible voix la vérité au sujet de soi-même – je veux dire avouer – a été longtemps considéré, dans le monde occidental, soit comme une condition de la remise de ses péchés, soit comme un point essentiel de la condamnation du coupable. La bizarre thérapie de Leuret peut être lue comme un épisode de la culpabilisation progressive de la folie. Mais je voudrais plutôt la prendre comme point de départ d'une réflexion plus générale sur cette pratique de l'aveu et sur le postulat, généralement accepté dans les sociétés occidentales, qu'on a besoin pour son salut de savoir aussi exactement que possible qui l'on est et aussi, ce qui est quelque chose d'assez

a. *Berkeley* : médicaux
b. *Berkeley*, *à la place de « leur délire était »* : leurs hallucinations étaient

différent, de le dire aussi explicitement que possible à d'autres personnes[3]. L'anecdote de Leuret n'est ici qu'un exemple des étranges et complexes relations développées dans nos sociétés entre individualité, discours, vérité et contrainte.[a]

Pour justifier l'attention que je porte à un sujet en apparence aussi spécialisé, permettez-moi de revenir un moment en arrière. Tout ceci, après tout, n'est pour moi qu'un moyen dont je vais me servir pour aborder un thème beaucoup plus général, qui est la généalogie du sujet moderne[4].

Dans les années qui ont précédé la seconde guerre mondiale, et plus encore après la guerre, la philosophie en France et, je crois, dans toute l'Europe continentale, a été dominée par la philosophie du sujet.[b] Je veux dire que la philosophie se fixait comme tâche *par excellence*[5] de fonder tout savoir et le principe de toute signification sur le sujet signifiant. L'importance donnée à la question du sujet signifiant était bien sûr due à l'impact de Husserl – on ne connaissait en général en France que ses *Méditations cartésiennes*[6] et la *Krisis*[7] –, mais le caractère central du sujet était aussi lié à un contexte institutionnel. Pour l'université française, depuis que la philosophie a commencé avec Descartes, elle n'a pu avancer que de manière cartésienne. Mais nous devons aussi prendre en compte la conjoncture politique. Devant l'absurdité des guerres, des massacres et du despotisme, il semblait alors que c'était au sujet individuel qu'il incombait de donner du sens à ses choix existentiels.

a. *Berkeley* : La question est : qu'est-ce que cette obligation de dire vrai au sujet de soi-même qui est imposée à tout le monde, et même aux fous s'ils veulent devenir raisonnables et normaux ?

b. *Berkeley* : La transcendance de l'ego régnait.

Avec la détente et le recul de l'après-guerre, cette importance donnée au sujet philosophique n'a plus semblé aussi évidente. Deux paradoxes théoriques jusqu'alors cachés ne pouvaient plus être éludés. Le premier était que la philosophie de la conscience avait échoué à fonder une philosophie du savoir, et tout particulièrement du savoir scientifique, et le second était que cette philosophie du sens avait paradoxalement échoué à prendre en compte les mécanismes de formation de la signification et la structure des systèmes de sens. Je sais bien qu'une autre forme de pensée affirmait alors avoir dépassé la philosophie du sujet – c'était, bien sûr, le marxisme. Il va sans dire – et cela va encore mieux en le disant – que ni le matérialisme, ni la théorie des idéologies, n'ont réussi à constituer une théorie de l'objectivité ou de la signification. Le marxisme se présentait comme un discours humaniste qui pouvait remplacer le sujet abstrait en faisant appel à l'homme réel, à l'homme concret[a]. Il aurait dû être clair à l'époque que le marxisme portait en lui une faiblesse théorique et pratique fondamentale : le discours humaniste masquait la réalité politique que les marxistes de ce temps soutenaient néanmoins.

Avec la lucidité un peu facile que permet le recul – ce que vous appelez, je crois, le *Monday morning quarterback* – permettez-moi de dire qu'il y avait deux voies possibles qui conduisaient au-delà de cette philosophie du sujet : 1) la théorie du savoir objectif, et 2) une analyse des systèmes de sens, ou sémiologie. La première était la voie du positivisme logique. La seconde était celle d'une certaine école de linguistique, de psychanalyse et d'anthropologie, généralement regroupées sous la rubrique de structuralisme.

---

a. *Berkeley* : à la désaliénation de l'homme

Ce ne sont pas les directions que j'ai prises. Laissez-moi dire une fois pour toutes que je ne suis pas un structuraliste, et j'avoue avec le chagrin qui convient que je ne suis pas un philosophe analytique – personne n'est parfait. J'ai essayé d'explorer une autre direction. J'ai essayé de sortir de la philosophie du sujet en faisant une généalogie du sujet, en étudiant la constitution du sujet à travers l'histoire qui nous a conduit au concept moderne du soi. Cela n'a pas toujours été une tâche facile, car la plupart des historiens préfèrent une histoire des processus sociaux[a] et la plupart des philosophes préfèrent un sujet sans histoire. Cela ne m'a jamais empêché d'utiliser le même matériau que certains historiens des faits sociaux, ni de reconnaître ma dette à l'égard de ces philosophes qui, comme Nietzsche, ont posé la question de l'historicité du sujet[8].[b]

a. *Berkeley* : dans laquelle la société joue le rôle du sujet

b. *Berkeley* : Voilà pour le projet général. Quelques mots maintenant sur la méthodologie. Pour ce type de recherche, l'histoire des sciences constitue un point de vue privilégié. Cela peut sembler paradoxal : après tout, la généalogie du soi ne prend pas place dans un champ de savoir scientifique, comme si nous n'étions rien d'autre que ce que la connaissance rationnelle peut nous dire au sujet de nous-mêmes. Alors que l'histoire des sciences est sans doute un important terrain d'essai pour la théorie de la connaissance, aussi bien que pour l'analyse des systèmes signifiants, elle est également un terrain fertile pour l'étude de la généalogie du sujet. Il y a deux raisons à cela. Toutes les pratiques par lesquelles le sujet est défini et transformé sont accompagnées par la formation de certains types de savoir, et en Occident, pour différentes raisons, le savoir tend à être organisé autour de formes et de normes qui sont plus ou moins scientifiques. Il y a aussi une autre raison peut-être plus fondamentale et plus particulière à nos sociétés. Je veux dire le fait que l'une des principales obligations morales de tout sujet est de se connaître lui-même, de s'explorer lui-même, de dire la vérité au sujet de

Jusqu'à présent, j'ai mené ce projet général de deux façons. Je me suis intéressé aux constructions théoriques modernes qui concernaient le sujet en général. J'ai essayé d'analyser, dans un livre précédent[9], les théories du sujet en tant qu'être parlant, vivant, travaillant. Je me suis aussi intéressé à la connaissance plus pratique qui s'est constituée dans des institutions comme les hôpitaux, les asiles et les prisons, où certains sujets sont devenus objets de savoir et en même temps objets de domination[10]. Et maintenant je souhaite étudier ces formes de connaissance que le sujet crée au sujet de lui-même. Ces formes de connaissance de soi

lui-même, et de se constituer lui-même comme objet de savoir tant pour les autres que pour lui-même. L'obligation de vérité pour les individus et une organisation scientifique du savoir : ce sont les deux raisons pour lesquelles l'histoire du savoir constitue un point de vue privilégié pour la généalogie du sujet.

Par conséquent, je ne cherche pas à faire une histoire des sciences en général, mais seulement de celles qui se sont efforcées de construire un savoir scientifique du sujet. Autre conséquence, je ne cherche pas à mesurer la valeur objective de ces sciences, ni à savoir si elles peuvent devenir universellement valides. C'est la tâche d'un historien de l'épisté-mologie. Au lieu de cela, je travaille à une histoire des sciences qui est, d'une certaine façon, une histoire régressive qui s'efforce de mettre au jour les pratiques discursives, institutionnelles et sociales d'où ces sciences sont sorties ; ce serait une histoire archéologique[11]. Enfin, troi-sième conséquence, ce projet s'efforce de mettre au jour le moment où ces pratiques sont devenues des techniques cohérentes et réfléchies avec des objectifs définis, le moment où un discours particulier est sorti de ces techniques et en est venu à être tenu pour vrai, le moment où elles ont été liées à l'obligation de chercher la vérité et de dire la vérité. En somme, l'objectif de mon projet est de construire une généalogie du sujet. La méthode est une archéologie du savoir, et le domaine précis de l'analyse

sont importantes, je crois, pour analyser l'expérience moderne de la sexualité[12].

Mais depuis que j'ai commencé ce dernier type de projet, j'ai dû modifier mon point de vue sur plusieurs points importants. Permettez-moi de faire une sorte d'*autocritique*[13]. D'après certaines suggestions faites par Habermas[14], on peut, semble-t-il, distinguer trois principaux types de techniques dans les sociétés humaines : les techniques qui permettent de produire, de transformer, de manipuler les choses ; les techniques qui permettent d'utiliser des systèmes de signes ; et les techniques qui permettent de déterminer la conduite des individus, de leur imposer certaines volontés et de les soumettre à certaines fins ou à certains objectifs.

est ce que je dois appeler technologies : je veux dire l'articulation de certaines techniques et de certains types de discours à propos du sujet.

Je voudrais ajouter un dernier mot à propos de la signification pratique de cette forme d'analyse. Pour Heidegger, c'était à cause d'une obsession croissante de la *technê* comme seul moyen d'arriver à la connaissance des objets que l'Occident a perdu le contact avec l'Être. Retournons la question et demandons-nous quelles techniques et quelles pratiques forment le concept occidental du sujet, lui donnant sa césure caractéristique de la vérité et de l'erreur, de la liberté et de la contrainte[15]. Je crois que c'est là que nous trouverons la réelle possibilité de construire une histoire de ce que nous avons fait et, en même temps, un diagnostic de ce que nous sommes. Ce serait une analyse théorique qui aurait, en même temps, une dimension politique. Par ce mot « dimension politique », je veux dire une analyse qui concerne ce que nous voulons accepter dans notre monde, accepter, refuser et changer, tant en nous-mêmes que dans notre situation. En somme, il s'agit de chercher un autre type de philosophie critique ; non pas une philosophie critique qui cherche à déterminer les conditions et les limites de notre connaissance possible de l'objet, mais une philosophie critique qui cherche les conditions et les possibilités indéfinies d'une transformation du sujet, de notre propre transformation[16].

Cela revient à dire qu'il y a des techniques de production, des techniques de signification et des techniques de domination.

Bien sûr, si l'on veut étudier l'histoire des sciences naturelles, il est utile, sinon nécessaire, de tenir compte des techniques de production et des techniques sémiotiques. Mais puisque mon projet portait sur la connaissance du sujet, je pensais que les techniques de domination étaient les plus importantes, sans rien exclure du reste. Mais, en étudiant l'expérience de la sexualité, je me suis progressivement rendu compte qu'il y a dans toutes les sociétés, je crois, dans toutes les sociétés quelles qu'elles soient, un autre type de techniques : des techniques qui permettent aux individus d'effectuer, par eux-mêmes[a], un certain nombre d'opérations sur leurs propres corps, sur leurs propres âmes, sur leurs propres pensées, sur leur propre conduite, et cela de manière à se transformer eux-mêmes, se modifier eux-mêmes et atteindre un certain état de perfection, de bonheur, de pureté, de pouvoir surnaturel, etc. Appelons cette sorte de techniques « techniques » ou « technologie de soi »[17].

Je crois que si l'on veut étudier la généalogie du sujet dans la civilisation occidentale, il faut tenir compte non seulement des techniques de domination, mais aussi des techniques de soi. Disons qu'on doit tenir compte de l'interaction entre ces deux types de techniques – techniques de domination et techniques de soi. Il faut tenir compte des points où les technologies de domination des individus les uns sur les autres font appel aux processus par lesquels l'individu agit sur lui-même ; et inversement, il faut tenir compte des points où les techniques de soi s'intègrent dans des structures de coercition et de domination. Le point de contact, où [la façon dont] les individus sont dirigés[b] par les autres

a. *Berkeley* : ou avec l'aide d'autres personnes
b. *Berkeley* : et connus

s'articule sur la façon dont ils se conduisent eux-mêmes[a], est ce que je peux appeler, je crois, « gouvernement »[18]. Gouverner les gens, au sens large du mot[b], n'est pas une manière de les forcer à faire ce que veut celui qui gouverne; il y a toujours un équilibre instable, avec de la complémentarité et des conflits, entre les techniques qui assurent la coercition et les processus par lesquels le soi se construit ou se modifie par lui-même.

Quand j'étudiais les asiles, les prisons, etc., j'insistais trop, je crois, sur les techniques de domination. Ce que nous pouvons appeler « discipline » est une chose vraiment importante dans ce type d'institutions, mais ce n'est qu'un aspect de l'art de gouverner les gens dans notre société. Nous ne devons pas comprendre l'exercice du pouvoir comme pure violence ou stricte contrainte. Le pouvoir est fait de relations complexes : ces relations comportent un ensemble de techniques rationnelles, et l'efficacité de ces techniques vient d'un alliage subtil de technologies de contrainte et de technologies de soi. Je crois que nous devons nous débarrasser du schéma plus ou moins freudien – vous le connaissez – le schéma de l'intériorisation de la loi par le soi. Heureusement d'un point de vue théorique, et peut-être malheureusement d'un point de vue pratique, les choses sont beaucoup plus compliquées que cela. En résumé, après avoir étudié le champ du gouvernement en prenant pour point de départ les techniques de domination, je voudrais, dans les prochaines années, étudier le gouvernement – notamment dans le champ de la sexualité – en partant des techniques de soi.

Parmi ces techniques de soi dans ce champ de la technologie de soi, je crois que les techniques orientées vers la découverte

a. *Berkeley* : et se connaissent eux-mêmes
b. *Berkeley* : comme on parlait, par exemple, au xvie siècle, de gouverner les enfants, gouverner la famille ou gouverner les âmes

et la formulation de la vérité sur soi-même sont extrêmement importantes ; et si pour le gouvernement des gens dans nos sociétés chacun devait non seulement obéir, mais aussi produire et rendre publique la vérité sur lui-même [19], alors l'examen de conscience et l'aveu seraient parmi les plus importantes de ces procédures. Bien sûr, il y a une histoire très longue et très complexe, depuis le principe delphique *gnôthi seauton* («connais-toi toi-même») jusqu'à l'étrange thérapeutique préconisée par Leuret dont je parlais au début de cette conférence. Il y a un très long chemin de l'un à l'autre, et je ne veux pas, bien sûr, vous en donner ce soir ne fût-ce qu'une vue d'ensemble. Je voudrais seulement mettre l'accent sur une transformation de ces pratiques, une transformation qui s'est produite au début de l'ère chrétienne, de la période chrétienne, quand l'obligation de se connaître soi-même est devenue le précepte monastique : « Avoue à ton guide spirituel chacune de tes pensées. » Cette transformation est, je crois, d'une certaine importance dans la généalogie de la subjectivité moderne [20]. Avec cette transformation commence ce que nous pourrions appeler l'herméneutique de soi. Ce soir, je vais essayer d'esquisser la manière dont l'aveu et l'examen de soi ont été conçus par les philosophes païens, et la semaine prochaine, j'essaierai de vous montrer ce qu'elle est devenue dans le christianisme primitif. [a]

a. *Berkeley, à la place de ce paragraphe* : Parmi ces techniques, celles qui sont orientées vers la découverte et la formulation de la vérité sur soi-même sont extrêmement importantes. C'est parce que, pour le gouvernement des gens dans nos sociétés, chacun devait non seulement obéir, mais aussi produire la vérité sur lui-même. L'examen de soi, l'examen de conscience et l'aveu seraient parmi les plus importantes de ces procédures. Je voudrais montrer la transformation, à travers ces deux procédures, du vieux précepte delphique «connais-toi toi-même» (*gnôthi seauton*) dans le précepte monastique «dis-moi chacune de tes pensées» (*omnes cogitationes*). Car ce précepte, né et développé d'abord dans les

On sait bien que l'objectif principal des écoles philosophiques grecques ne consistait pas dans l'élaboration, l'enseignement, d'une théorie. Le but des écoles philosophiques grecques était la transformation de l'individu. Le but de la philosophie grecque était de donner à l'individu la capacité qui lui permît de vivre différemment, mieux, de façon plus heureuse que les autres[21]. Quelle était la place de l'examen de soi et de l'aveu dans tout cela ? À première vue, dans toutes les pratiques philosophiques antiques, l'obligation de dire la vérité sur soi-même occupe une place assez réduite. Et cela pour deux raisons, qui restent l'une et l'autre valables pendant toute l'Antiquité grecque et hellénistique. La première de ces raisons est que l'objectif de la formation philosophique était d'équiper l'individu d'un certain nombre de préceptes lui permettant de se conduire dans toutes les circonstances de la vie sans perdre la maîtrise de soi ou sans perdre la tranquillité de l'esprit, la pureté du corps et de l'âme. De ce principe provient l'importance du discours du maître. Le discours du maître doit dire, persuader, expliquer ; il doit donner au disciple un code universel pour toute sa vie, de sorte que la verbalisation se situe du côté du maître et non du côté du disciple[22].

Il y a une autre raison pour laquelle l'obligation d'avouer n'a pas beaucoup d'importance dans la direction de la conscience antique. Le lien avec le maître dépendait alors des circonstances ou était, en tout cas, provisoire. C'était une relation entre deux

institutions monastiques, a joué, je crois, un rôle important dans la constitution de la subjectivité moderne. Avec ce précepte commence ce que nous pourrions appeler l'herméneutique de soi. Ce soir, je vais essayer d'esquisser la manière dont l'aveu et l'examen de soi ont été conçus dans les philosophies grecques et latines, et demain, j'essaierai de vous montrer ce qu'elle est devenue dans le christianisme primitif. Le titre de ces deux conférences aurait pu être en fait, et aurait dû être : « L'origine de l'herméneutique de soi ».

volontés, ce qui n'implique pas une obéissance totale ou définitive. On sollicite ou on accepte le conseil d'un maître ou d'un ami pour supporter une épreuve, un deuil, un exil ou un revers de fortune, etc. Ou encore, on se met sous la direction d'un maître pendant un certain temps de sa vie[a], pour être capable un jour de se conduire de façon autonome et ne plus avoir besoin de conseil. La direction antique vise à l'autonomie de celui qui est dirigé. Dans ces conditions, on peut comprendre que la nécessité d'une exploration approfondie et exhaustive de soi-même ne se présente pas : il n'est pas indispensable de tout dire sur soi, de révéler ses moindres secrets, de façon à ce que le maître puisse exercer sur nous un pouvoir total. S'exposer de manière continue et exhaustive sous les yeux d'un directeur tout-puissant n'est pas un caractère essentiel de cette technique de direction[23].

Mais malgré cette orientation générale qui met si peu l'accent sur l'examen de soi et l'aveu, on trouve bien, avant le christianisme, des techniques déjà élaborées pour découvrir et exprimer la vérité au sujet de soi. Et leur rôle, semble-t-il, devient de plus en plus important. L'importance croissante de ces techniques est sans doute liée au développement de la vie communautaire dans les écoles philosophiques, chez les pythagoriciens comme chez les épicuriens, et elle est aussi liée à la valeur accordée au modèle médical, dans les écoles épicuriennes ou stoïciennes[24].

Comme il n'est pas possible, en si peu de temps, de donner ne fût-ce qu'une esquisse de cette évolution de la civilisation grecque et hellénistique, je ne prendrai que deux passages d'un philosophe romain, Sénèque. On peut les considérer comme de bons témoignages de cette pratique de l'examen de soi et de l'aveu tels qu'ils existaient chez les stoïciens de l'époque impériale au moment de la naissance du christianisme[25]. Le premier passage se trouve dans

---

a. *Berkeley* : souvent, mais pas nécessairement, quand on est jeune

le *De ira* de Sénèque. Voici ce passage ; je vais vous le lire : « Est-il rien de plus beau que cette coutume de scruter toute une journée ? Quel sommeil suit cet examen de soi-même, qu'il est tranquille, profond et libre quand l'esprit a été loué ou averti, quand il s'est fait l'espion, le censeur secret de ses propres mœurs ? J'use de cette faculté et chaque jour je plaide ma cause devant moi. Quand on a enlevé le flambeau et que ma femme, déjà habituée à ma manière d'agir, s'est tue, j'examine toute ma journée et je mesure mes faits et dits ; je ne me cache rien, je ne passe rien. Pourquoi craindrais-je quelqu'un de mes égarements, puisque je puis dire : "Prends garde de ne pas recommencer. Pour cette fois je te pardonne. Tu as mis trop de vivacité dans cette discussion [...]. Tu as réprimandé celui-là plus vertement que tu ne devais ; aussi tu ne l'as pas corrigé, mais choqué" », etc [26].

Il y a quelque chose de paradoxal à voir les stoïciens, comme Sénèque et aussi Sextius [27], Épictète, Marc Aurèle, etc., accorder autant d'importance à l'examen de conscience alors que, selon leur doctrine, toutes les fautes sont supposées être égales [28]. Il ne devrait donc pas être nécessaire de s'interroger sur chacune d'entre elles. Mais voyons ce texte d'un peu plus près. D'abord, Sénèque utilise un vocabulaire qui à première vue semble, avant tout, judiciaire. Il utilise des expressions comme *cognoscere de moribus suis* et *causam meam dico* – tout cela est un vocabulaire typiquement judiciaire. Il semble donc que le sujet est, à l'égard de lui-même, à la fois le juge et l'accusé. Dans cet examen de conscience, il semble que le sujet se divise en deux et organise une scène judiciaire, où il joue les deux rôles à la fois. Sénèque est comme un accusé qui avoue son crime au juge, et le juge est Sénèque lui-même. Mais si nous regardons de plus près, nous voyons que le vocabulaire utilisé par Sénèque est beaucoup plus administratif que judiciaire. C'est le vocabulaire de l'administration des biens et du territoire. Sénèque dit, par exemple, qu'il est *speculator sui*, qu'il s'inspecte lui-même, qu'il examine avec lui-même la journée écoulée, *totum diem meum scrutor*, ou qu'il prend la mesure des choses dites et faites ; il utilise le mot *remetior*. À l'égard de lui-même, il n'est pas un juge qui doit punir, il est plutôt un administrateur qui, une fois le travail effectué ou les affaires de l'année terminées, fait les comptes, établit le bilan, et voit si tout a été fait correctement. Sénèque est un administrateur permanent de lui-même plus qu'un juge de son propre passé.

Les exemples de fautes commises par Sénèque et qu'il se reproche à lui-même sont significatifs à ce point de vue. Il se fait des reproches pour avoir critiqué quelqu'un et, au lieu de l'avoir corrigé, pour l'avoir blessé ; ou encore, il dit qu'il a discuté avec des gens qui étaient de toute façon incapables de le comprendre. Ces fautes, comme il dit lui-même, ne sont pas réellement des fautes ; ce sont des erreurs. Et pourquoi des erreurs ? Soit parce qu'il n'avait pas conscience des fins que le sage doit s'assigner, soit parce qu'il n'avait pas appliqué de façon correcte les règles de conduite qu'il faut en déduire. Les fautes sont des erreurs en ce sens qu'elles sont des mauvais ajustements entre les fins et les moyens. Significatif est également le fait que Sénèque ne se remémore pas ces fautes pour se punir ; il a seulement pour but de se souvenir des règles qu'il devait appliquer. Cette mémorisation a pour objet de réactiver des principes philosophiques fondamentaux et de réajuster leur application. Dans l'aveu chrétien, le pénitent doit mémoriser la loi pour découvrir ses propres péchés, mais dans cet exercice stoïcien le sage doit mémoriser ses actes pour réactiver les règles fondamentales.

On peut donc caractériser cet examen en quelques mots. 1) [À travers] cet examen, il ne s'agit pas du tout de découvrir la vérité cachée dans le sujet ; il s'agit plutôt de se rappeler la vérité oubliée par le sujet. 2) Ce que le sujet oublie n'est pas lui-même, ni sa nature, ni son origine, ni une affinité supranaturelle ; ce que le sujet oublie est ce qu'il aurait dû faire, c'est-à-dire une série de règles de conduite qu'il a apprises. 3) La remémoration des erreurs commises pendant la journée sert à mesurer la distance qui sépare ce qui a été fait de ce qui aurait dû être fait. Et 4) le sujet qui pratique cet examen de lui-même n'est pas le terrain d'exercice d'un processus plus ou moins obscur qui doit être déchiffré. Il est le point où les règles de conduite se rassemblent et s'enregistrent sous la forme de souvenirs. Il est en même temps le point de départ d'actions plus ou moins conformes à ces règles. Le sujet constitue le point d'intersection entre un ensemble de souvenirs qui doivent être mis au présent et des actes qui doivent être régulés.

Cet examen du soir a sa place logique parmi un ensemble d'autres exercices stoïciens[a] : la lecture continuelle, par exemple, du manuel de préceptes (pour le présent); l'examen des maux qui peuvent arriver dans la vie, la *praemeditatio malorum* bien connue (pour le possible); l'énumération chaque matin des tâches à accomplir pendant la journée (pour le futur); et enfin l'examen de conscience du soir (pour le passé)[29]. Comme vous le voyez, le soi, dans tous ces exercices, n'est pas considéré comme un champ de données subjectives qui doivent être interprétées[b]. Il se soumet lui-même à l'épreuve d'une action possible ou réelle[c].

Après cet examen de conscience, qui constitue une sorte d'aveu à soi-même, je voudrais parler de l'aveu aux autres : je veux dire l'exposition de son âme que l'on fait à un autre, qui peut être un ami, un conseiller, un guide. C'était une pratique qui n'était pas très développée dans la vie philosophique, mais elle s'est développée dans certaines écoles philosophiques, par exemple dans les écoles épicuriennes, et c'était aussi une pratique médicale très bien connue. La littérature médicale est riche de tels

a. *Berkeley* : qui sont tous un moyen d'incorporer dans une attitude constante un code d'actions et de réactions, quelle que soit la situation qui puisse se présenter

b. *Berkeley, à la place de « interprétées »* : découvertes

c. *Berkeley* : passée ou future

exemples d'aveu ou d'exposition de soi. Le *Traité des passions de l'âme et de ses erreurs* de Galien[30] en donne un exemple; ou encore Plutarque, dans le *De profectibus in virtute*, écrit: «Il y a beaucoup de gens malades qui acceptent la médecine et d'autres qui la refusent. L'homme qui cache la honte de l'âme, son désir, son malaise, son avarice, sa concupiscence, a peu de chance de faire des progrès. En effet, parler de son mal révèle sa propre méchanceté. La reconnaître au lieu de prendre plaisir à la cacher, tout cela est signe de progrès.»[31]

Un autre texte de Sénèque peut aussi nous servir ici d'exemple de ce qu'était l'aveu dans l'Antiquité tardive. C'est au début du *De tranquillitate animi*. Serenus, un jeune ami de Sénèque, vient lui demander un conseil. C'est de façon très explicite une consultation médicale sur l'état de son âme. «[P]ourquoi, dit Serenus, ne me confesserais-je pas à toi comme à un médecin? […] [J]e ne suis ni malade ni bien portant.»[32] Serenus se sent en état de malaise, ou plutôt, comme il le dit, comme sur un bateau qui n'avance pas, mais est secoué par le roulis. Et il a peur de rester en mer dans ces conditions, en vue de la terre ferme et des vertus qui demeurent inaccessibles. Pour échapper à cet état, Serenus décide donc de consulter Sénèque et de lui en faire l'aveu. Il dit qu'il veut *verum fateri*, dire la vérité, à Sénèque.[a]

Or quelle est cette vérité, quel est ce *verum*, qu'il veut avouer? Avoue-t-il des fautes, des pensées secrètes, des désirs honteux et des choses semblables? Pas du tout. Le texte de Serenus apparaît comme une accumulation de détails relativement sans importance, du moins sans importance pour nous; par exemple,

a. *Berkeley, à la place de ces deux dernières phrases*: Pour échapper à cet état, Serenus décide donc d'avouer la vérité à Sénèque. Mais à travers cet aveu, à travers cette description de son propre état, il demande à Sénèque de lui dire la vérité au sujet de celui-ci: Serenus au même moment avoue la vérité et est dépourvu de vérité.

Serenus avoue à Sénèque qu'il utilise la vaisselle héritée de son père, qu'il se laisse facilement emporter quand il fait des discours publics, etc., etc. Mais il est facile, sous ce désordre apparent, d'identifier trois domaines distincts dans cet aveu : le domaine des richesses, le domaine de la vie politique et le domaine de la gloire ; acquérir des richesses, participer aux affaires de la cité, gagner la faveur de l'opinion publique. Ce sont – c'étaient – les trois types d'activité possibles pour un homme libre, les trois questions morales courantes qui étaient soulevées par les principales écoles philosophiques de l'époque. Le cadre de l'exposition de Serenus n'est donc pas défini par le cours réel de son existence ; il n'est pas défini par ses expériences réelles, ni par une théorie de l'âme ou de ses éléments, mais seulement par une classification des différents types d'activité que l'on peut exercer et des fins que l'on peut poursuivre. Dans chacun de ces domaines, Serenus révèle son attitude en énumérant ce qui lui plaît et ce qui ne lui plaît pas. L'expression « cela me plaît » (*placet*) est le fil directeur de son analyse[33]. Il lui plaît de rendre service à ses amis. Il lui plaît de manger simplement, et de n'avoir rien d'autre que ce dont il a hérité, mais le spectacle du luxe chez les autres lui plaît. Il prend aussi plaisir à exagérer son style oratoire en espérant que la postérité se souviendra de ses paroles. En exposant ainsi ce qui lui plaît, Serenus ne cherche pas à révéler quels sont ses désirs profonds. Ses plaisirs ne sont pas les moyens de révéler ce que les chrétiens appelleront plus tard *concupiscentia*. Pour lui, il s'agit de son propre état, et d'ajouter quelque chose à la connaissance des préceptes moraux. Cette addition à ce qui est déjà connu est une force, la force qui serait capable de transformer la pure connaissance et la simple conscience en un véritable mode de vie. Et c'est ce que Sénèque essaie de faire quand il utilise un ensemble d'arguments, de démonstrations, d'exemples persuasifs, non pas pour découvrir une vérité encore inconnue au fond de l'âme de Serenus, mais pour expliquer, si je puis dire, à quel point la vérité en général est vraie. Le discours de Sénèque a pour objectif, non pas d'ajouter à certains principes théoriques une force de coercition venant d'ailleurs, mais de les transformer en une force victorieuse. Sénèque doit donner une place à la vérité en tant que force[34].[a]

---

a. *Berkeley, à la place de « Ses plaisirs ne sont pas [...] en tant que force »* : Il s'agit pour lui d'indiquer, aussi exactement que possible, à quoi il est encore attaché et de quoi il est déjà détaché, à l'égard de quoi il est libre et de quelles choses extérieures il est dépendant. Le *verum fateri* qu'il se propose n'est pas le fait de porter à la lumière du jour de profonds secrets. Il s'agit plutôt des liens qui l'attachent à des choses dont il n'est pas le maître. C'est une sorte d'inventaire de la liberté dans le cadre d'un code d'actions. Ce n'est pas une énumération de fautes passées, c'est un état des dépendances.

Mais il faut aller plus loin. Serenus fait cet aveu non seulement pour exposer le véritable état de son âme, mais aussi pour apprendre de Sénèque la vérité au sujet de lui-même. Or quelle est cette sorte de vérité dont Serenus a besoin et qu'il demande à Sénèque de lui révéler? Un diagnostic? C'est en réalité ce que dit Serenus; et c'est ce que Sénèque lui donne. Et ce diagnostic ne consiste pas à déclarer : « Voici ce que tu es », « Voici les maux secrets dont tu souffres. » Sénèque se contente de dire : « Ne crois pas que tu sois un malade qui ne peut pas arriver à se soigner. Tu es un ancien malade qui ne se rend pas compte qu'il est guéri. » Sénèque aide Serenus à se situer sur le chemin qui doit le conduire à la *terra firma* des vertus; il fait exactement le point. Mais en lui-même, ce diagnostic est, comme vous le voyez, une très courte analyse. Ce n'est que la plus petite partie de ce que dit Sénèque, et le traité *De tranquillitate animi* dit beaucoup plus que cela. Quelle sorte de réponse Sénèque donne-t-il dans ce traité aux besoins de Serenus? Une théorie philosophique? Pas du tout. Un nouvel exposé de préceptes moraux? Il est clair que Serenus n'en a pas besoin. Serenus a montré dans son aveu qu'il connaissait très bien les grands principes moraux qui sont nécessaires pour une vie philosophique. La vérité dont Serenus a besoin n'est pas une connaissance complémentaire. C'est quelque chose qui s'ajoute à la

D'où, je crois, plusieurs conséquences. 1) Dans ce jeu entre l'aveu de Serenus et la consultation de Sénèque, la vérité, comme vous le voyez, n'est pas définie par une correspondance avec la réalité, mais comme une force inhérente aux principes et qui doit être développée dans un discours. 2) Cette vérité n'est pas quelque chose qui est caché derrière ou sous la conscience, dans la partie la plus profonde et la plus obscure de l'âme ; c'est quelque chose qui est devant l'individu comme un point d'attraction, une sorte de force magnétique qui l'attire vers un but. 3) Cette vérité n'est pas acquise par une exploration analytique de ce qui est supposé être réel dans l'individu, mais par une explication rhétorique de ce qui est bon pour quiconque veut s'approcher de la vie du sage. 4) Cet aveu n'est pas orienté vers une individualisation de Serenus[a] par la découverte de certaines caractéristiques personnelles, mais vers la constitution d'un soi qui peut être au même moment et sans aucune discontinuité sujet de connaissance et sujet de volonté. 5) Nous pouvons voir que cette pratique de l'aveu et de la consultation reste dans le cadre de ce que les Grecs ont pendant

connaissance qu'il possède, à la connaissance de son propre état et à la connaissance des préceptes moraux. Cette addition à ce qui est déjà connu n'est pas une connaissance, c'est une force, une force qui est capable de transformer la pure connaissance et la simple conscience en un véritable mode de vie. Et c'est ce que Sénèque essaie de faire, c'est ce que Sénèque transmet à Serenus, quand il utilise un ensemble d'arguments, de démonstrations, d'exemples persuasifs, non pas pour découvrir une vérité encore inconnue chez Serenus, mais pour expliquer, si je puis dire, à quel point la vérité est vraie. Le discours de Sénèque a pour objectif, non pas d'ajouter à certains principes théoriques une force de coercition venant d'ailleurs ; le discours de Sénèque a pour objectif de transformer la vérité en une force victorieuse, incoercible. Sénèque doit donner une place à la vérité en tant que force.

a. *Berkeley* : du disciple

longtemps appelé la *gnômê*[35]. Le terme *gnômê* désigne l'unité de la volonté et de la connaissance; il désigne aussi une courte phrase par laquelle la vérité apparaît dans toute sa force et s'incruste dans l'âme des gens. Donc, nous pouvons dire que, même aussi tardivement qu'au premier siècle après Jésus-Christ, le type de sujet qui est proposé comme modèle et comme objectif dans la philosophie grecque ou hellénistique ou romaine est un soi gnomique, où la force de la vérité ne fait qu'un avec la forme de la volonté.

Dans ce modèle du soi gnomique, nous avons trouvé plusieurs éléments constitutifs : la nécessité de dire vrai au sujet de soi-même, le rôle du maître et du discours du maître, le long chemin qui conduit finalement à l'émergence du soi. Tous ces éléments, nous les trouvons aussi dans les technologies de soi chrétiennes, mais avec une organisation très différente[36]. Je devrais dire, en résumé – et je vais conclure là-dessus – que, pour autant que nous ayons regardé les pratiques de l'examen de soi et de l'aveu dans la philosophie hellénistique et romaine, le soi, vous le voyez, n'est pas quelque chose que l'on doit découvrir ou déchiffrer comme un texte très obscur. Vous voyez que la tâche n'est pas de faire venir à la lumière ce qui serait la part la plus obscure de nous-mêmes. Le soi, au contraire, ne doit pas être découvert mais constitué, constitué par la force de la vérité. Cette force réside dans la qualité rhétorique du discours du maître, et cette qualité rhétorique dépend en partie de la présentation du disciple, qui doit expliquer où il en est de sa façon de vivre d'après les vrais principes qu'il connaît. Et je crois que cette organisation du soi comme cible, l'organisation de ce que j'appelle le soi gnomique, comme la cible, le but, vers lequel l'examen de soi et l'aveu sont orientés, est quelque chose de profondément différent de ce que nous rencontrons dans les technologies de soi chrétiennes[37]. Dans les technologies de soi chrétiennes, le problème est de découvrir ce qui est caché en soi; le soi est comme un texte ou un livre que nous devons déchiffrer, et non pas quelque chose qui doit être construit par la superposition, la surimposition, de la volonté et de la vérité. Cette organisation chrétienne, si différente de l'organisation païenne, est quelque chose qui est, je crois, assez décisif pour la généalogie du soi moderne, et c'est le point que je vais essayer d'expliquer la semaine prochaine quand nous nous retrouverons de nouveau. Merci. [a]

a. *Berkeley, à partir de « 5) Nous pouvons voir... », la fin de la conférence est différente* : 5) Si le rôle de l'aveu et de la consultation est de faire place à la vérité en tant que force, il est facile de comprendre que l'examen de soi a presque le même rôle. Nous avons vu que si Sénèque se remémore chaque soir ses erreurs, c'est pour mémoriser les préceptes de conduite moraux, et la mémoire n'est rien d'autre que la force de la vérité quand elle est en permanence présente et active dans l'âme. Un souvenir permanent dans l'individu et son discours intime, une rhétorique persuasive dans le conseil du maître – voilà les aspects de la vérité considérée comme une force. Nous pouvons donc conclure que l'examen de soi et l'aveu peuvent être considérés dans la philosophie antique comme un jeu de vérité [38], et un jeu de vérité important, mais l'objectif de ce jeu de vérité n'est pas de découvrir une réalité secrète à l'intérieur de l'individu ; l'objectif de ce jeu de vérité est de faire de l'individu un lieu où la vérité puisse apparaître et agir en tant que force réelle par la présence du souvenir et l'efficacité du discours.

Nous pouvons voir que cette pratique de l'examen de soi et de l'aveu reste dans le cadre de ce que les Grecs ont pendant longtemps appelé la *gnômê*. Le terme *gnômê* désigne l'unité de la volonté et de la connaissance ; il désigne aussi une courte phrase – une sentence, quelques vers – par laquelle la vérité apparaît dans toute sa force et s'incruste dans l'âme des simples mortels. Dans la première forme de la philosophie grecque, les poètes et les hommes divins disaient la vérité aux simples mortels à travers ce genre de *gnômê*, à travers des *gnômai* ; des *gnômai* très courtes, très impératives, et si profondément illuminées par la lumière poétique qu'il était impossible de les oublier et d'échapper à leur pouvoir. Je crois que vous pouvez voir que l'examen de soi et l'aveu, tels que vous pouvez les trouver, par exemple, chez Sénèque, mais aussi chez Marc Aurèle, Épictète, etc., l'examen de soi et l'aveu, même aussi tardivement qu'au premier siècle après Jésus-Christ, étaient toujours une sorte de développement de cette *gnômê*. Ainsi nous pourrions appeler soi gnomique le type de soi qui est proposé comme modèle et comme cible par la philosophie antique, par la philosophie grecque et latine, un soi où la force de la vérité doit ne faire qu'un avec la forme de la volonté.

En résumé, le soi doit se constituer à travers la force de la vérité. Cette force réside dans la capacité mnémonique de l'individu et dans la qualité rhétorique du discours du maître, et celles-ci dépendent en partie de l'art de la mémoire et de l'art de la persuasion, de sorte que les technologies de soi dans le monde antique ne sont pas liées à un art de l'interprétation, mais à des arts comme la mnémotechnique et la rhétorique. L'observation de soi, l'examen de soi, l'interprétation de soi, n'interviendront pas dans la technologie de soi avant le christianisme. C'est le point que j'essaierai de vous expliquer demain. Merci.

1. F. Leuret, *Du traitement moral de la folie*, Paris, J.B. Baillière, 1840, p. 191-204. Foucault attache beaucoup d'importance à cette pratique thérapeutique de François Leuret : évoquée dans *Maladie mentale et psychologie* (Paris, P.U.F., 1962, p. 85-86), elle réapparaît dans nombre d'autres textes. *Cf.* M. Foucault, « L'eau et la folie », dans DE I, n° 16, p. 298-299 et « Sexualité et solitude », dans DE II, n° 295, p. 987-988. Foucault consacre aussi plusieurs réflexions à Leuret et à ses méthodes dans le cours au Collège de France de 1973-1974, en particulier pendant la leçon du 19 décembre 1973. *Cf.* M. Foucault, *Le pouvoir psychiatrique. Cours au Collège de France. 1973-1974*, éd. J. Lagrange, Paris, Seuil-Gallimard, 2003, p. 144-163. Dans la leçon inaugurale du cours de Louvain, Foucault cite à nouveau cette scène thérapeutique décrite par Leuret, en lui attribuant le même rôle qu'elle joue dans ces conférences, c'est-à-dire celui d'introduction à une généalogie (ou à une « ethnologie ») des techniques d'aveu dans la culture occidentale : « Derrière l'aveu exigé par Leuret, il y a cette longue histoire de l'aveu, ces immémoriales croyances dans les pouvoirs et effets du "dire vrai" en général et, en particulier, du "dire vrai sur soi-même". [...] Il y aurait peut-être à faire toute une ethnologie du dire vrai. » *Cf.* MFDV, p. 1-3.

2. Pour une analyse de ce que Foucault présente comme une transposition des procédures chrétiennes d'aveu dans les schémas de la régularité scientifique, et dans la pratique médicale, psychiatrique et psychologique en particulier, *cf.* VS, p. 84-94. En revanche, c'est dans la dernière leçon de son cours de Louvain que Foucault analyse le développement de l'aveu dans les institutions judiciaires, du Moyen Âge à nos jours, en évoquant aussi le rôle qu'y ont joué les pratiques médicales et psychiatriques. *Cf.* MFDV, p. 199-228.

3. Ce « postulat » constitue à la fois le point de départ, la justification théorique et la cible critique des analyses que Foucault développe dans ces conférences. Par ailleurs, déjà dans *La volonté de savoir* on peut trouver l'affirmation selon laquelle « l'aveu est devenu, en Occident, une des techniques les plus hautement valorisées pour produire le vrai » : notre société est « une société singulièrement avouante », et l'homme occidental « est devenu un bête d'aveu ». De là, d'après Foucault, dérive la nécessité d'une « histoire politique de la vérité ». *Cf.* VS, p. 79-81. C'est au fond toujours dans le sillage de cette histoire (politique) de la vérité que Foucault inscrit ses cours au Collège de France de 1979-1980 et de 1980-1981, ainsi que son séminaire à

Louvain de 1981. *Cf.* GV, p. 49, 73-74, 99, 111-112, 305-307 ; SV, « Leçon du 7 janvier 1981 » ; MFDV, p. 7-10, 89.

4. Le projet d'entreprendre une généalogie du sujet moderne apparaît à plusieurs reprises dans les textes foucaldiens. Ainsi, dans un entretien de 1976, Foucault explique clairement qu'il faut « se débarrasser du sujet lui-même, c'est-à-dire arriver à une analyse qui puisse rendre compte de la constitution du sujet dans la trame historique », et cela, « c'est ce que j'appellerais la généalogie ». *Cf.* M. Foucault, « Entretien avec Michel Foucault », entretien avec A. Fontana et P. Pasquino, dans DE II, n° 192, p. 147. Dans la leçon du 22 février 1978 du cours *Sécurité, territoire, population*, Foucault conclut son analyse du pouvoir pastoral chrétien en remarquant, dans une perspective déjà proche à celle de 1980, que faire l'histoire du pastorat signifie aussi tracer l'histoire du sujet occidental. *Cf.* STP, p. 187. Cependant, dans le cours de 1979-1980, le cadre général d'analyse indiqué explicitement par Foucault n'est pas celui d'une généalogie du sujet moderne (même si ce thème est souterrainement présent partout), mais celui du « gouvernement des hommes par la manifestation de la vérité dans la forme de la subjectivité ». *Cf.* GV, p. 79 ; mais aussi p. 140 et 220-221, où Foucault évoque le thème de l'histoire de la subjectivité occidentale. À partir de 1981, ce projet d'une généalogie du sujet moderne se précise dans les termes d'une histoire des rapports entre subjectivité et vérité ou, comme Foucault le dit à Louvain, d'une « histoire politique des véridictions », qui aurait comme but d'étudier « comment les sujets sont effectivement liés dans et par les formes de véridiction où ils s'engagent ». *Cf.* MFDV, p. 9. Voir également SV, « Leçon du 7 janvier 1981 » ; HS, p. 3-4, 173 ; GSA, p. 42 ; CV, p. 5. En revanche, Foucault inscrit les deux derniers volumes de l'histoire de la sexualité (et aussi *Les Aveux de la chair*) dans le projet d'une « généalogie de l'homme de désir, depuis l'Antiquité classique jusqu'aux premiers siècles du christianisme » – un projet qui, en réalité, se trouve déjà esquissé dans son cours au Collège de France de 1980-1981. *Cf.* UP, p. 18.

5. Michel Foucault prononce ces mots en français.

6. E. Husserl, *Méditations cartésiennes*, trad. fr. G. Peiffer et E. Levinas, Paris, Vrin, 1953.

7. Le texte auquel Michel Foucault fait référence est « La crise de l'humanité européenne et la philosophie », conférence prononcée par Husserl à Vienne en 1935 (trad. fr. P. Ricœur, *Revue de métaphysique et de morale*, n° 3, juillet-septembre 1950, p. 225-250 ; une traduction de ce texte figure également dans *La crise des sciences européennes et la phénoménologie transcendantale*, trad. fr. G. Granel, Paris, Gallimard, 1976, p. 346-383).

8. Dans la conférence prononcée à l'université McGill de Montréal en 1971, Foucault explique que Nietzsche voulait « rendre compte de la connaissance en écartant au maximum sujet et objet », donc en niant que « le rapport sujet-objet soit constitutif de la connaissance » : « l'illusion première et majeure de la connaissance, c'est l'existence d'un sujet et d'un objet », qui, au contraire, sont historiquement constitués. *Cf.* M. Foucault, « Leçon sur Nietzsche », dans LVS, p. 203-204. De même, dans la première conférence donnée à l'université pontificale catholique de Rio de Janeiro, le 21 mai 1973, Foucault déclare que son but est de monter que « le sujet de connaissance a lui-même une histoire, la relation du sujet avec l'objet, ou, plus clairement, la vérité elle-même a une histoire » : il faudrait donc inaugurer une « critique radicale du sujet humain par l'histoire », puisque le sujet « se constitue à l'intérieur même de l'histoire » et est « à chaque instant fondé et refondé par l'histoire ». Et Foucault précise : « ce que je dis ici n'a de sens que s'il est mis en rapport avec l'œuvre de Nietzsche », où l'« on trouve effectivement un type de discours qui fit l'analyse historique de la formation du sujet lui-même ». *Cf.* M. Foucault, « La vérité et les formes juridiques », dans DE I, n° 139, p. 1407-1408, 1410. Dix ans plus tard, dans un entretien de 1983, en évoquant encore une fois l'importance du philosophe allemand pour son propre travail, Foucault affirme que la lecture de Nietzsche a été pour lui une véritable « fracture », car c'est chez lui qu'il a trouvé l'idée qu'« il y a une histoire du sujet tout comme il y a une histoire de la raison, et de celle-ci, l'histoire de la raison, on ne doit pas demander le déploiement à un acte fondateur et premier du sujet rationaliste ». *Cf.* M. Foucault, « Structuralisme et poststructuralisme », entretien avec G. Raulet, dans DE II, n° 330, p. 1255. Dans le passage du manuscrit préparatoire de la conférence *Sexuality and Solitude* que Frédéric Gros transcrit dans la *Situation du cours* de *L'herméneutique du sujet*, Foucault, après avoir cité Nietzsche comme il fait ici, conclut : « Il s'agissait donc pour moi de se dégager des équivoques d'un humanisme si facile dans la théorie et si redoutable dans la réalité ; il s'agissait aussi de substituer au principe de la transcendance de l'ego la recherche des formes de l'immanence du sujet. » *Cf.* F. Gros, « Situation du cours », dans HS, p. 507.

9. M. Foucault, *Les mots et les choses. Une archéologie des sciences humaines*, Paris, Gallimard, 1966.

10. M. Foucault, *Histoire de la folie à l'âge classique*, Paris, Gallimard, 1972 (première édition : *Folie et Déraison. Histoire de la folie à l'âge classique*, Paris, Plon, 1961) ; *Naissance de la clinique. Une archéologie du regard médical*, Paris, P.U.F., 1963 ; SP.

11. *Cf.* M. Foucault, « Entretien avec Michel Foucault », entretien avec J.G. Merquior et S.P. Rouanet, dans DE I, n° 85, p. 1025-1026 : « [D]ans *Les Mots et les Choses*, j'ai compris que, indépendamment de l'histoire traditionnelle des sciences, une autre méthode était possible, qui consistait en une certaine manière de considérer moins le contenu de la science que sa propre existence ; une certaine manière d'interroger les faits, qui m'a fait voir que, dans une culture comme celle de l'Occident, la pratique scientifique a une émergence historique, comporte une existence et un développement historiques, et a suivi un certain nombre de lignes de transformation, indépendamment – jusqu'à un certain point – de son contenu. Il fallait, laissant de côté le problème du contenu et de l'organisation formelle de la science, rechercher les raisons par lesquelles la science a existé ou par lesquelles une science déterminée a commencé, à un moment donné, à exister et à assumer un certain nombre de fonctions dans notre société. »

12. Foucault avait inauguré son projet d'une histoire de la sexualité en six volumes en 1976, avec *La volonté de savoir* ; il le poursuivra dans les années suivantes, mais au prix d'une série de profonds déplacements théoriques et chronologiques. Le deuxième et le troisième volume, consacrés à l'Antiquité grecque, hellénistique et romaine, paraîtront finalement en 1984. *Cf.* UP et SS. En revanche, Foucault n'eut pas le temps de publier le quatrième volume, *Les Aveux de la chair*.

13. Michel Foucault prononce ce mot en français.

14. J. Habermas, *Connaissance et intérêt*, trad. fr. G. Clémençon, Paris, Gallimard, 1976.

15. Voir également le passage du manuscrit préparatoire de la conférence *Sexuality and Solitude* cité par F. Gros, « Situation du cours », dans HS, p. 505.

16. Dans la leçon du 17 janvier 1979 du cours *Naissance de la biopolitique*, Foucault inscrit ses analyses sous la rubrique d'une « critique politique du savoir », et il précise : « [P]our que l'analyse ait une portée politique, il faut qu'elle porte non pas sur la genèse des vérités ou sur la mémoire des erreurs. [...] Je pense que ce qui a une importance politique actuelle, c'est de bien déterminer quel est le régime de véridiction qui est instauré à un moment donné [...]. Voilà le point, précisément, où l'analyse historique peut avoir une portée politique. » *Cf.* M. Foucault, *Naissance de la biopolitique. Cours au Collège de France. 1978-1979*, éd. M. Senellart, Paris, Seuil-Gallimard, 2004, p. 37-38. Dans la leçon inaugurale du cours de Louvain, Foucault revient plus longuement sur ce qu'il entend, à ce moment-là, par « philosophie critique », mais il lie toujours ce concept à une analyse des

formes de véridiction, plutôt qu'aux conditions et aux possibilités de transformation du sujet. *Cf.* MFDV, p. 9. Il est peut-être plus approprié, donc, de se référer à son article « Le sujet et le pouvoir », où, après avoir évoqué Kant et sa réponse à la question « Qu'est-ce que les Lumières ? », Foucault affirme que « l'analyse critique du monde dans lequel nous vivons constitue de plus en plus la grande tâche philosophique », et que « sans doute l'objectif principal aujourd'hui n'est-il pas de découvrir, mais de refuser ce que nous sommes », de « promouvoir de nouvelles formes de subjectivité en refusant le type d'individualité qu'on nous a imposé pendant plusieurs siècles ». *Cf.* M. Foucault, « Le sujet et le pouvoir », dans DE II, n° 306, p. 1051. Sur les textes foucaldiens consacrés à la « critique » et à l'*Aufklärung*, cf. *infra*, p. 106, n. 51.

17. Pour une introduction analogue au thème des techniques ou technologies de soi, *cf.* M. Foucault, « Sexualité et solitude », conférence cit., p. 989-990 et « Les techniques de soi », dans DE II, n° 363, p. 1604. Dans la conférence inaugurale du cours de Louvain, au contraire, Foucault ne parle que de trois « grands types de technologies » (techniques de production, de communication et de gouvernement), auxquels cependant il semble en ajouter un quatrième lorsqu'il évoque les « technologies du sujet ». *Cf.* MFDV, p. 12-13. Les « techniques de soi » sont d'ailleurs présentées par Foucault comme le véritable fil directeur de son cours au Collège de France de 1980-1981 : dans le *Résumé* de ce cours, elles sont définies comme les procédures « qui sont proposées ou prescrites aux individus pour fixer leur identité, la maintenir ou la transformer en fonction d'un certain nombre de fins, et cela grâce à des rapports de maîtrise de soi sur soi ou de connaissance de soi par soi ». Foucault y précise aussi que l'histoire des techniques de soi serait « une manière de faire l'histoire de la subjectivité », et cela « à travers la mise en place et les transformations dans notre culture des "rapports à soi-même", avec leur armature technique et leurs effets de savoir ». *Cf.* M. Foucault, « Subjectivité et vérité », dans DE II, n° 304, p. 1032-1033 et SV, « Leçons du 25 mars et du 1er avril 1981 ». Voir également UP, p. 16-17, où cependant « techniques de soi » devient synonyme d'« arts d'existence » et d'« esthétiques de l'existence ».

18. À partir de 1978, la notion de « gouvernement » assume un rôle central dans la réflexion de Foucault, en le gardant ensuite jusqu'à la fin de sa vie. Avec cette notion, Foucault désigne une forme historiquement spécifique de pouvoir politique, la « gouvernementalité », qui aurait émergé entre le XVIIe et le XVIIIe siècle et qui caractériserait encore nos sociétés ; une forme de pouvoir « qui a pour cible principale la population, pour forme majeure de

savoir l'économie politique, pour instrument technique essentiel les dispositifs de sécurité ». *Cf.* STP, p. 111-112. Mais la notion de « gouverne-ment » est également, pour lui, une grille analytique à travers laquelle redéfinir le concept même de pouvoir : « L'exercice de pouvoir consiste à "conduire des conduites" et à aménager la probabilité. Le pouvoir, au fond, est moins de l'ordre de l'affrontement entre deux adversaires, ou de l'engage-ment de l'un à l'égard de l'autre, que de l'ordre du "gouvernement". Il faut laisser à ce mot la signification très large qu'il avait au XVIe siècle. [...] Gouverner, en ce sens, c'est structurer le champ d'action éventuel des autres. Le mode de relation propre au pouvoir ne serait donc pas à chercher du côté de la violence et de la lutte, ni du côté du contrat et du lien volontaire (qui ne peuvent en être tout au plus que des instruments) : mais du côté de ce mode d'action singulier – ni guerrier ni juridique – qui est le gouvernement. » *Cf.* M. Foucault, « Le sujet et le pouvoir », art. cit., p. 1056. Voir également GV, p. 13-14 et MFDV, p. 12. Cependant, comme Foucault le montre dans ces conférences, la notion de « gouvernement » permet aussi d'articuler entre eux le point de vue « politique » des relations de pouvoir et la perspec-tive « éthique » des techniques de soi, ouvrant ainsi la voie aux analyses sur la relation entre gouvernement de soi et gouvernement des autres. *Cf.* M. Foucault, « Subjectivité et vérité », résumé cit., p. 1033 ; HS, p. 34-40 ; « Les techniques de soi », conférences cit., p. 1604 ; GSA ; CV ; « L'éthique du souci de soi comme pratique de la liberté », entretien avec H. Becker, R. Fornet-Betancourt et A. Gomez-Müller, dans DE II, n° 356, p. 1547-1548.

19. Il s'agit du thème principal du cours au Collège de France de 1979-1980 : « Pourquoi, sous quelle forme, dans une société comme la nôtre, existe-t-il un lien si profond entre l'exercice du pouvoir et l'obligation, pour les individus, de se faire eux-mêmes, dans les procédures de manifestation de la vérité, dans les procédures d'alèthurgie dont le pouvoir a besoin, des acteurs essentiels ? » *Cf.* GV, p. 79.

20. Pendant l'échange avec l'auditoire qui suit la leçon du 29 avril 1981 du cours de Louvain, Foucault insiste davantage sur cette transformation, qui représente d'après lui une vraie innovation et même une « rupture » dans « l'histoire de la subjectivité occidentale ». Il explique alors que « l'exigence de connaissance de soi chez les chrétiens ne dérive pas du *gnôthi seauton* », car les techniques de soi chrétiennes ne visent pas à établir une relation à *la* vérité en général (comme c'était le cas pour Socrate et Platon), mais visent plutôt à établir un rapport à *sa propre* vérité, à la vérité *de soi-même*, et cela en particulier à propos du péché. *Cf.* MFDV, p. 114. Voir également

M. Foucault, « Interview de Michel Foucault », entretien avec J.F. et J. de Wit, dans DE II, n° 349, p. 1477-1478.

21. Foucault songe peut-être ici aux études de Pierre Hadot, selon lequel la philosophie ancienne était avant tout une manière de vivre qui avait pour but d'opérer une transfiguration du mode d'être des individus qui la pratiquaient, et non pas une construction théorique. *Cf.* P. Hadot, « Exercices spirituels », *Annuaire de la Ve Section de l'École pratique des hautes études*, vol. 84, 1977, p. 25-70 ; repris dans *Exercices spirituels et philosophie antique*, Paris, Albin Michel, 2002, p. 19-74.

22. Foucault approfondira cette question dans *L'herméneutique du sujet*, et précisément dans ce contexte, pour décrire les caractéristiques de la parole du maître à l'intérieur des pratiques anciennes de direction, il introduira la notion de *parrêsia* : « La *parrêsia*, c'est au fond ce qui répond, du côté du maître, à l'obligation de silence du côté du disciple. Tout comme le disciple doit se taire pour opérer la subjectivation de son discours, le maître, lui, doit tenir un discours qui obéit au principe de la *parrêsia* s'il veut que ce qu'il dise de vrai devienne enfin, au terme de son action et de sa direction, le discours vrai subjectivé du disciple. » *Cf.* HS, p. 348 ; mais aussi p. 132-133, 158 et 338-374.

23. Foucault analyse plus en détail les caractères de la direction antique de conscience, en les opposant à ceux de la direction chrétienne, dans la leçon du 22 février 1978 du cours *Sécurité, territoire, population* (STP, p. 184-186) et dans les leçons du 12 et 19 mars 1980 du cours *Du gouvernement des vivants* (GV, p. 224-230 et 260-265). Il traite à nouveau de ce thème dans la deuxième heure des leçons du 3 et 10 mars 1982 du cours *L'herméneutique du sujet* (HS, p. 345-348 et 390-391).

24. Pour plus de précisions sur ces points, *cf.* HS, p. 94-96 et 131-133. Voir également F. Gros, dans HS, p. 141, n. 18.

25. Foucault étudie la pratique ancienne de l'examen de soi (ou de conscience) à plusieurs reprises. Dans la leçon du 12 mars 1980 du cours *Du gouvernement des vivants*, après un long développement sur la pratique de la direction de conscience dans l'Antiquité et ses différences par rapport à la direction chrétienne, il aborde le thème de l'examen de conscience gréco-romain en tant que « pièce essentielle, fondamentale » dans les techniques de direction antiques, et il l'étudie chez les pythagoriciens et chez les stoïciens de l'époque romaine (Sénèque et Épictète). *Cf.* GV, p. 231-241. En revanche, dans la leçon du 29 avril 1981 du cours de Louvain, l'ordre de présentation est inverse : Foucault pose directement le problème de la « véridiction de soi dans l'Antiquité païenne », en l'analysant au sein des pratiques religieuses

populaires et des religions orientales, ainsi que chez les pythagoriciens et chez Sénèque, et c'est seulement ensuite qu'il introduit le thème de l'« aveu à autrui ». *Cf.* MFDV, p. 91-97. Dans la deuxième heure de la leçon du 24 mars 1982, le contexte est encore différent et l'examen de conscience ancien est étudié, après la préméditation des maux et la méditation de la mort, comme l'une des « épreuve[s] de soi-même comme sujet de vérité ». Ici, Foucault s'appuie avant tout sur l'examen pythagoricien, puis sur l'examen du matin chez Marc Aurèle, et enfin sur l'examen du soir chez Sénèque et Épictète. *Cf.* HS, p. 444-445, 460-465. Plus tard, dans le séminaire à l'université du Vermont, en 1982, Foucault traite de l'examen de conscience stoïcien à l'intérieur d'une réflexion sur la « culture du silence » et l'« art d'écouter » sous l'Empire (*cf.* M. Foucault, « Les techniques de soi », conférences cit., p. 1615-1618), tandis que, dans un article de 1983, c'est plutôt à la lumière de la question de l'écriture en tant qu'exercice et art de soi-même qu'il évoque le thème de l'examen de conscience, en particulier chez Sénèque et Marc Aurèle : « Il semble […] que ce soit dans la relation épistolaire – et par conséquent pour se mettre soi-même sous les yeux de l'autre – que l'examen de conscience a été formulé comme un récit écrit de soi-même. » *Cf.* M. Foucault, « L'écriture de soi », dans DE II, n° 329, p. 1247-1249. Enfin, pour une discussion de l'examen de conscience dans le contexte de la « culture de soi », *cf.* SS, p. 65-66, 77-79.

26. Sénèque, *De ira*, III, 36, 2-4, dans *Dialogues*, t. I, trad. fr. A. Bourgery, Paris, Les Belles Lettres, 2003, p. 103. Pour les autres commentaires foucaldiens de ce passage du *De ira* de Sénèque, *cf.* GV, p. 235-241 ; MFDV, p. 94-97 ; HS, p. 157, 461-464 ; « Les techniques de soi », conférences cit., p. 1616-1618 ; *Fearless Speech*, éd. J. Pearson, Los Angeles, Semiotext(e), 2001, p. 145-150 ; SS, p. 77-79. Voir également F. Gros, dans HS, p. 469, n. 17.

27. Il s'agit de Quintus Sextius le père, philosophe romain du premier siècle avant Jésus-Christ, de tendance néo-pythagoricienne et stoïcienne, dont Sénèque parle dans le *De ira*, III, 36, 1, *op. cit.*, p. 102.

28. Pour plus de précisions sur ce point, *cf.* MFDV, p. 94.

29. Foucault étudie en détail ces exercices dans *L'herméneutique du sujet*, en particulier dans les leçons du 3 et 24 mars 1982. *Cf.* HS, p. 338-351, 444-454, 457-464.

30. Galien, *Traité des passions de l'âme et de ses erreurs*, trad. fr. R. Van Der Elst, Paris, Delagrave, 1914. Foucault analyse plus longuement le *Traité des passions* de Galien au début de la deuxième heure de la leçon du 10 mars

1982 du cours *L'herméneutique du sujet*. *Cf.* HS, p. 378-382. Voir également M. Foucault, « La Parrêsia », *Anabases*, n° 16, 2012, p. 170-173 et SS, p. 72.

31. Plutarque, *Des progrès dans la vertu*, 81 F-82 A, dans *Œuvres morales*, t. I-II, trad. fr. A. Philippon, Paris, Les Belles Lettres, 2003, p. 178 : « Cela étant, parmi les hommes qui ont besoin de soins médicaux, ceux qui souffrent d'une dent ou d'un doigt vont tout de suite se faire soigner chez les médecins ; ceux qui ont de la fièvre les font venir chez eux et demandent leur secours ; mais ceux qui en sont arrivés à la crise de dépression, d'égarement ou de délire ne laissent même pas, parfois, les médecins venir les voir : ils les chassent ou s'enfuient, la gravité de leur maladie les empêchant même de s'apercevoir qu'ils sont malades. Il en est ainsi parmi les hommes qui vivent dans l'erreur. Il y a les incurables : ils sont d'un caractère farouchement hostile aux personnes qui leur démontrent leur erreur et les réprimandent, et ils les repoussent rudement. Et il y a ceux qui sont dans des dispositions plus douces : ils supportent ces personnes et les laissent venir à eux. Or, quand on est dans l'erreur, se livrer aux personnes qui font reconnaître cette erreur, leur dire ce qu'on éprouve, leur dévoiler ce qu'on a de mauvais en soi, ne pas se réjouir d'être en faute sans qu'elles le voient, ne pas se féliciter de ce que personne ne le sait, mais l'avouer, sentir le besoin de quelqu'un qui intervienne en maître et réprimande, cela ne saurait être un signe négligeable de progrès. »

32. Sénèque, *De la tranquillité de l'âme*, I, 2, dans *Dialogues*, t. IV, trad. fr. R. Waltz, *op. cit.*, p. 71. Pour les autres commentaires foucaldiens du *De tranquillitate animi* de Sénèque, *cf.* GV, p. 235 ; MFDV, p. 97-101 ; HS, p. 86, 126-129, 150-151 ; *Fearless Speech*, *op. cit.*, p. 150-160.

33. *Cf.* Sénèque, *De la tranquillité de l'âme*, I, 5-15, *op. cit.*, p. 72-74.

34. En soi, le thème de la « vérité en tant que force » n'est certainement pas inédit chez Foucault. *Cf.* par exemple LVS, p. 71-74, 81-82 ; *« Il faut défendre la société ». Cours au Collège de France. 1975-1976*, éd. M. Bertani et A. Fontana, Paris, Seuil-Gallimard, 1997, p. 45-46 ; GV, p. 37-38, 98-99 ; MFDV, p. 17. Toutefois, ici, ce thème est traité en des termes différents et à l'intérieur d'un cadre nouveau, qui sera ensuite repris dans le cours au Collège de France de 1981-1982, où Foucault présente l'ascèse (*askêsis*) ancienne comme une « pratique de la vérité », c'est-à-dire comme une série d'exercices qui visent à « modifier l'être du sujet » et à constituer celui-ci « comme fin dernière pour lui-même, à travers et par l'exercice de la vérité », et où il précise que, s'il faut « que cette vérité affecte le sujet », il n'est pourtant pas question (à la différence du christianisme) « que le sujet devienne objet d'un discours vrai ». C'est bien le thème de la *paraskeuê*

(préparation, équipement) : l'*askêsis* ancienne, explique Foucault, vise à équiper le sujet pour qu'il puisse répondre aussitôt qu'il le faut aux événements de la vie, et cet équipement est constitué par des *logoi* (des discours), qui sont en réalité « des schémas inducteurs d'action qui sont tels, dans leur valeur et leur efficacité inductrice, qu'à partir du moment où ils sont là – présents dans la tête, la pensée, le cœur, le corps même de celui qui les détient –, eh bien, celui-là agira comme spontanément. Comme si c'était ces *logoi* eux-mêmes qui, petit à petit faisant corps avec sa propre raison, sa propre liberté et sa propre volonté, parlaient, parlaient pour lui non seulement lui disant ce qu'il faut faire, mais faisant effectivement, sur le mode de la rationalité nécessaire, ce qu'il faut faire ». Ainsi, conclut Foucault, l'*askêsis* ancienne « fait du dire-vrai un mode d'être du sujet » : elle a essentiellement pour sens et pour fonction d'assurer « la subjectivation du discours vrai ». *Cf.* HS, p. 233, 303-313 et 316. Voir également M. Foucault, « Les techniques de soi », conférences cit., p. 1618 ; « L'écriture de soi », art. cit., p. 1238 ; « L'éthique du souci de soi comme pratique de la liberté », entretien cit., p. 1532. Cependant, il convient de souligner que, dans tous ces textes, le thème de la « vérité en tant que force » n'apparaîtra plus.

35. Foucault avait déjà parlé de la *gnômê* dans la conférence *Le savoir d'Œdipe*, prononcée deux fois, en 1972, aux États-Unis : en effet, dans *Œdipe roi* de Sophocle, la *gnômê* est, avec la *technê*, l'attribut fondamental du savoir et du pouvoir d'Œdipe, car c'est grâce à elle qu'Œdipe affirme avoir résolu l'énigme du Sphinx. Foucault explique alors que la *gnômê* s'oppose à un mode de savoir qui consisterait à apprendre quelque chose de quelqu'un : au contraire, la *gnômê* est un savoir « qui n'apprend rien de personne ». *Cf.* M. Foucault, « Le savoir d'Œdipe », dans LVS, p. 239-240. Voir également M. Foucault, « La vérité et les formes juridiques », conférences cit., p. 1434. Foucault revient sur ce mot de façon plus détaillée dans la leçon du 23 janvier 1980 du cours *Du gouvernement des vivants*, toujours dans le contexte d'une lecture d'*Œdipe roi* : *gnômê*, cela veut dire « avis, opinion, manière de penser, façon de juger », en opposition à un savoir obtenu après une recherche ou une découverte de la vérité. Plus précisément, « *gnômê* est un mot technique qui fait partie du vocabulaire politico-judiciaire de la Grèce au Vᵉ siècle », et qui indique l'avis que le citoyen est amené à donner au cours d'une délibération politique ou à la suite d'un procès judiciaire. *Cf.* GV, p. 55 et 66. Sur ces thèmes, et comme source possible des affirmations de Foucault, voir également J.-P. Vernant et P. Vidal-Naquet, *Mythe et tragédie en Grèce ancienne*, Paris, F. Maspero, 1972 ; repris dans J.-P. Vernant, *Œuvres. Religions, Rationalités, Politique*, Paris, Seuil, 2007, t. I, p. 1102, 1147,

1156, 1160. Toutefois, dans ces conférences, Foucault semble donner de la *gnômê* une interprétation différente : en même temps « unité de la volonté et de la connaissance » et « courte phrase par laquelle la vérité apparaît dans toute sa force et s'incruste dans l'âme des gens ». De façon similaire, dans la leçon du 6 mai 1981 du cours de Louvain, Foucault évoque le mot *gnômê* (dans le contexte de la direction antique de conscience) et explique qu'il indiquait à la fois une connaissance et un précepte, une vérité et une règle. *Cf.* MFDV, p. 130. C'est pourquoi, dans *L'herméneutique du sujet*, même si le mot *gnômê* n'est pas employé, on peut penser que c'est de cela qu'il s'agit lorsque, pendant la première heure de la leçon du 17 février 1982, Foucault parle des « recommandations faites au disciple, dans les premières *Lettres à Lucilius* », où Sénèque propose à Lucilius un exercice de méditation qui « ne se fait pas à travers un parcours culturel qui prendrait le savoir en général », mais bien plutôt, « selon la très vieille technique grecque, à partir de sentences, à partir de propositions, qui sont à la fois énoncé de vérité et prononcé d'une prescription, à la fois affirmation et prescription ». *Cf.* HS, p. 250.

36. Selon Foucault, le christianisme « hérite » plusieurs techniques de soi élaborées par la philosophie ancienne, mais il les inscrit dans un cadre différent, marqué par de nouvelles modalités d'exercice du pouvoir et par de formes inédites d'extraction de la vérité. Dans ce contexte, les techniques de soi acquièrent alors, en réalité, des effets de subjectivation opposés par rapport aux techniques anciennes, en donnant lieu à un sujet « dont les mérites sont identifiés de manière analytique », un sujet « qui est assujetti dans des réseaux continus d'obéissance [et] subjectivé par l'extraction de vérité qu'on lui impose ». *Cf.* STP, p. 188.

37. Dans la deuxième heure de la leçon du 24 mars 1982 du cours *L'herméneutique du sujet*, Foucault affirme que l'ascèse philosophique « n'est pas du tout du type de l'ascèse chrétienne, laquelle a essentiellement pour fonction de fixer quels sont, dans leur ordre, les renoncements nécessaires qui doivent conduire jusqu'au point ultime du renoncement à soi-même ». Au contraire, l'ascèse philosophique est « une certaine manière de constituer le sujet de connaissance vraie comme sujet d'action droite », un sujet qui se donne « comme corrélatif de soi-même un monde, qui est un monde perçu, reconnu et pratiqué comme épreuve ». *Cf.* HS, p. 465.

38. Dans la notice qu'il écrit pour l'entrée « Foucault » du *Dictionnaire des philosophes*, Foucault définit les « jeux de vérité » comme l'ensemble des « règles selon lesquelles, à propos de certaines choses, ce qu'un sujet peut dire relève de la question du vrai et du faux ». *Cf.* M. Foucault, « Foucault », dans DE II, n° 345, p. 1452. Voir également M. Foucault, « L'éthique du

souci de soi comme pratique de la liberté », entretien cit., p. 1544. Dans le cours au Collège de France de 1979-1980, les concepts de « jeu » et surtout de « régime de vérité » acquièrent une importance décisive, car c'est à travers eux que Foucault entreprend l'analyse du christianisme des premiers siècles. *Cf.* GV, p. 81-84, 99. Pour une explication de ce que Foucault entend, désormais, par « régime de vérité », *cf.* GV, p. 91-99. En revanche, pour une première définition, différente, de « régime de vérité », *cf.* M. Foucault, « La fonction politique de l'intellectuel », dans DE II, n° 184, p. 112. Enfin, pour une analyse de l'aveu en tant que *speech act* et « figure assez étrange dans les jeux de langage », *cf.* MFDV, p. 4-10.

CHRISTIANISME ET AVEU
24 novembre 1980

Le sujet de cette conférence est le même que celui de la conférence de la semaine dernière : comment s'est formé dans nos sociétés ce que je voudrais appeler l'analyse interprétative de soi ; ou comment s'est formée l'herméneutique de soi dans les sociétés modernes, ou au moins dans les sociétés chrétiennes et modernes ? Bien que nous puissions trouver très tôt dans les cultures grecque, hellénistique et latine des techniques comme l'examen de soi et l'aveu, je crois qu'il y a de très grandes différences entre les techniques de soi grecques et latines – les techniques classiques – et les techniques développées dans le christianisme. Et je vais essayer de montrer, ce soir, que l'herméneutique de soi moderne prend racine bien plus dans ces techniques chrétiennes que dans les techniques classiques. Le *gnôthi seauton* a beaucoup moins d'influence dans nos sociétés, dans notre culture, qu'on ne l'imagine [1].[a]

a. *Berkeley, le début de la conférence est différent* : Plusieurs personnes m'ont demandé de faire ce soir un bref résumé de ce que j'ai dit hier soir. Je vais essayer de le faire comme s'il s'agissait d'une bonne série télévisée. Que s'est-il donc passé dans le dernier épisode ? Rien de bien important, en fait. J'ai essayé d'expliquer pourquoi je me suis intéressé à la pratique de l'examen de soi et de l'aveu. Ces deux pratiques me semblent être de bons témoins d'un problème majeur, qui est la

Comme chacun sait, le christianisme est une confession. Cela veut dire que le christianisme appartient à un type de religion très particulier, les religions qui imposent à ceux qui les pratiquent une obligation de vérité[2]. Ces obligations, dans le christianisme, sont nombreuses : par exemple, le chrétien a l'obligation de tenir pour vrai un ensemble de propositions qui constituent un dogme ; ou il a l'obligation de considérer certains livres comme une source permanente de vérité ; ou encore il a l'obligation d'accepter les décisions de certaines autorités en matière de vérité. [a]

généalogie du soi moderne. Cette généalogie, qui est depuis des années mon obsession, parce que c'est l'une des voies possibles pour se débarrasser de la philosophie traditionnelle du sujet, je voudrais la présenter dans ses grandes lignes au point de vue des techniques, ce que j'appelle les techniques de soi. Et parmi ces techniques de soi, les plus importantes, dans nos sociétés modernes, sont, je crois, celles qui ont trait à l'analyse interprétative du sujet, à l'herméneutique de soi. Comment s'est constituée cette herméneutique de soi ? C'est le sujet de ces deux conférences. Hier soir, j'ai parlé des techniques de soi grecques et romaines, ou du moins de deux d'entre elles, l'aveu et l'examen de soi. C'est un fait que nous rencontrons très souvent l'aveu et l'examen de soi dans les philosophies hellénistiques et romaines tardives. Sont-ils des archétypes de l'aveu et de l'examen de soi chrétiens ? Sont-ils les premières formes de l'herméneutique de soi moderne ? J'ai essayé de vous montrer qu'ils en étaient assez différents. Leur but n'est pas, je crois, de déchiffrer une vérité cachée dans les profondeurs de l'individu. Leur but est quelque chose d'autre : c'est de donner force à la vérité chez l'individu ; leur but est de constituer le soi comme unité idéale de la volonté et de la vérité. Maintenant, tournons-nous vers le christianisme en tant que berceau de l'herméneutique de soi occidentale.

a. *Berkeley, à partir de « ou encore il a l'obligation… », la fin du paragraphe est différente* : obligation aussi, au moins dans la branche catholique du christianisme, d'accepter les décisions de certaines

Mais le christianisme requiert une autre forme d'obligation de vérité assez différente de celles que je viens de mentionner. Chacun, chaque chrétien, a le devoir de savoir qui il est, ce qui se passe en lui ; il doit connaître les fautes qu'il peut avoir commises ; il doit connaître les tentations auxquelles il est exposé. Et, en outre, chacun dans le christianisme est obligé de dire ces choses à d'autres personnes et donc de porter témoignage contre lui-même[3].

Quelques remarques. Ces deux ensembles d'obligations, celles qui concernent la foi, le Livre, le dogme, et les obligations qui concernent le soi, l'âme, le cœur, sont liés l'un à l'autre. Un chrétien est toujours supposé être soutenu par la lumière de la foi s'il veut s'explorer lui-même, et, réciproquement, l'accès à la vérité de la foi n'est pas concevable sans la purification de l'âme. Comme saint Augustin le dit, dans une formule latine dont je suis sûr que vous la comprendrez : *qui facit veritatem venit ad lucem*[4]. Ce qui veut dire : *facere veritatem*, « faire la vérité en soi », et *venire ad lucem*, « accéder à la lumière ». Faire la vérité en soi et accéder à la lumière de Dieu, etc., ces deux processus sont étroitement liés dans l'expérience chrétienne. Mais ces deux relations à la vérité, vous pouvez les trouver également liées, comme vous le savez, dans le bouddhisme[5], et elles étaient également liées dans tous les mouvements gnostiques des premiers siècles. Mais là, que ce soit dans le bouddhisme ou dans les mouvements gnostiques, ces deux relations à la vérité étaient liées d'une façon telle qu'elles étaient presque identifiées. Découvrir la vérité en soi, déchiffrer la véritable nature et l'origine authentique de l'âme, était considéré

autorités en matière de vérité ; obligation aussi non seulement de croire en certaines choses, mais également de montrer qu'on croit en elles ; tout chrétien est obligé de manifester sa foi.

par les gnostiques comme ne faisant qu'un avec l'accès à la lumière[6].[a]

Au contraire, une des principales caractéristiques du christianisme orthodoxe, une des principales différences entre le christianisme et le bouddhisme, ou entre le christianisme et le gnosticisme, une des principales raisons de la défiance du christianisme à l'égard des mystiques[7], et un des traits historiques les plus constants du christianisme, c'est que ces deux systèmes d'obligation, d'obligation de vérité, l'un qui concerne l'accès à la lumière et l'autre le fait de faire la vérité, de découvrir la vérité en soi, ont toujours conservé une autonomie relative, même après Luther, même dans le protestantisme. Les secrets de l'âme et les mystères de la foi, le soi et le Livre, ne sont pas dans le christianisme éclairés par exactement le même type de lumière. Ils font appel à des méthodes différentes et mettent en œuvre des techniques particulières.

Laissons de côté la longue histoire de leurs relations complexes et souvent conflictuelles avant et après la Réforme[8]. Je voudrais ce soir concentrer l'attention sur le second de ces deux systèmes d'obligation. Je voudrais me concentrer sur l'obligation imposée à tout chrétien de manifester la vérité au sujet de lui-même. Quand on parle d'aveu ou d'examen de soi dans le christianisme, on a bien sûr à l'esprit le sacrement de pénitence et la confession canonique des péchés. Mais ce sont des innovations assez tardives dans le christianisme[9]. Les chrétiens des premiers

a. *Berkeley* : Si le soi gnomique des philosophes grecs, dont je parlais hier soir, devait être construit comme une identification de la force de la vérité et de la forme de la volonté, nous pourrions dire qu'il y a un soi gnostique, le soi gnostique dont nous pouvons trouver la description dans l'*Évangile selon Thomas*[10] ou dans les textes manichéens. Ce soi gnostique doit être découvert dans l'individu, mais comme une parcelle, une étincelle oubliée de la lumière primitive.

siècles connaissaient des formes complètement différentes de manifestation de la vérité au sujet d'eux-mêmes, et vous trouverez ces obligations de manifester la vérité au sujet de soi dans deux institutions différentes – dans les rites pénitentiels et dans la vie monastique[11].[a] Et je voudrais d'abord examiner les rites pénitentiels et les obligations de vérité qui sont liées, qui se rapportent, à ces rites pénitentiels. Je n'entrerai pas, bien sûr, dans les discussions qui ont eu lieu – et qui continuent jusqu'à maintenant – sur le développement progressif de ces rites. Je voudrais seulement souligner un point essentiel : dans les premiers siècles du christianisme la pénitence n'était pas un acte[b]. La pénitence, dans les premiers siècles du christianisme, est un statut, qui présente plusieurs caractéristiques[12]. La fonction de ce statut est d'éviter l'expulsion définitive de l'Église d'un chrétien qui a commis un ou plusieurs péchés graves. En tant que pénitent, ce chrétien est exclu de beaucoup de cérémonies et de rites collectifs, mais il ne

---

a. *Berkeley, à la place de « Quand on parle d'aveu […] dans la vie monastique »* : Et au lieu de considérer le christianisme comme la religion d'un livre qui doit être interprété, je voudrais considérer le christianisme comme la religion d'un soi qui doit être déchiffré. Autrement dit, le livre grec *par excellence*, l'*Iliade* et l'*Odyssée* d'Homère, était déjà, avant le christianisme, matière à interprétation pour les Grecs eux-mêmes ; mais le soi grec n'était pas matière à interprétation. J'ai essayé de vous montrer hier pourquoi il n'était pas matière à interprétation, en dépit du fait que les philosophes grecs pratiquaient l'aveu et l'examen de soi. Quand on parle d'aveu et d'examen de soi dans le christianisme, on a bien sûr à l'esprit le sacrement de pénitence et la confession canonique des péchés. Mais ce sont des innovations assez tardives dans le christianisme, et les chrétiens des premiers siècles connaissaient des formes complètement différentes de manifestation de la vérité au sujet d'eux-mêmes, et ces formes sont, je crois, déterminantes, si on veut comprendre comment a commencé en Occident l'herméneutique de soi.

b. *Berkeley* : un acte déterminé

cesse pas d'être chrétien et, au moyen de ce statut, il peut obtenir sa réintégration. Et ce statut est donc une affaire de longue durée. Ce statut affecte la plupart des aspects de sa vie – obligations de jeûne, règles en matière d'habillement, interdiction des relations sexuelles – et l'individu est marqué à tel point par ce statut que même après sa réconciliation, après sa réintégration dans la communauté, il sera toujours soumis à un certain nombre d'interdictions (par exemple, il ne pourra pas devenir prêtre). Ainsi la pénitence n'est pas un acte en relation avec un péché ; elle est un statut, un statut général dans l'existence.

Or, parmi les éléments de ce statut, l'obligation[a] de manifester la vérité est fondamentale. Je ne dis pas que l'énonciation des péchés est fondamentale ; j'utilise une expression beaucoup plus imprécise et obscure. Je dis que la manifestation de la vérité est nécessairement et profondément liée au statut de la pénitence. En fait, pour désigner les jeux de vérité et les obligations de vérité qui concernaient les pénitents, les Pères grecs utilisaient un mot très précis et aussi très énigmatique : *exomologesis*[13]. Le mot était si précis que même les écrivains latins, les Pères latins, utilisaient souvent le mot grec sans même le traduire.

Que signifie ce terme d'*exomologesis* ? En un sens très général, le mot désigne la reconnaissance d'un fait. Mais plus précisément, dans le rite pénitentiel, qu'était-ce que l'*exomologesis* ?[b] À la fin

a. *Berkeley* : de *facere veritatem*, comme dirait saint Augustin

b. *Berkeley, le début du paragraphe est différent* : Que signifie ce terme ? En un sens très général, ce mot désigne la reconnaissance d'un fait, un accord sur la vérité d'un fait. Mais dans le rite pénitentiel, pour ce qui est du rite pénitentiel, je crois que les choses peuvent être représentées schématiquement de la manière suivante. Quand un pécheur sollicite la pénitence, il expose à l'évêque les raisons de sa demande, autrement dit, il explique les fautes qu'il a commises[14]. Cette exposition, en tout cas, devait être extrêmement courte et ne faisait pas partie de la pénitence elle-même ; elle précédait la pénitence, elle n'en faisait pas partie.

de la procédure pénitentielle, à la fin et non au commencement, quant venait le moment de la réintégration, avait lieu un épisode que les textes appellent régulièrement *exomologesis*. Certaines descriptions sont très anciennes et certaines très tardives, mais elles sont presque identiques. Tertullien, par exemple, à la fin du IIe siècle, décrit la cérémonie de la manière suivante ; il écrit : « Le pénitent porte un cilice et est couvert de cendres, il est vêtu misérablement ; il est pris par la main et conduit dans l'église ; il se prosterne devant les veuves et les prêtres, il s'accroche aux pans de leurs vêtements, il embrasse leurs genoux. » [15] Et beaucoup plus tard après cela, au début du Ve siècle, saint Jérôme décrit de la même manière la pénitence de Fabiola. Fabiola était une femme, une noble romaine très connue, qui s'était remariée avant la mort de son premier mari, ce qui était très mal, et elle avait donc été obligée de faire pénitence. Et saint Jérôme décrit ainsi cette pénitence : « Pendant les jours qui précédaient Pâques », qui était le moment de la réconciliation, « pendant les jours qui précédaient Pâques, elle se tenait dans les rangs des pénitents, l'évêque, les prêtres et le peuple pleurant avec elle, les cheveux épars, le visage blême, les mains mal soignées, la tête souillée de cendres et humblement inclinée, sa poitrine défaite et le visage avec lequel elle avait séduit son premier mari, elle les meurtrissait. Elle découvrait à tous sa blessure et sur son corps pâli, Rome en larmes a contemplé ses cicatrices. » [16] Sans doute saint Jérôme et Tertullien étaient-ils enclins à se laisser quelque peu emporter par de telles choses ; toutefois, chez saint Ambroise et chez d'autres, on trouve des indications qui montrent clairement l'existence d'un épisode de révélation de soi dramatique au moment de la réconciliation du pénitent. C'était, précisément, l'*exomologesis*.

Mais le terme d'*exomologesis* ne s'applique pas seulement à cet épisode final. Le mot *exomologesis* est fréquemment utilisé pour désigner tout ce que le pénitent fait pour obtenir sa réconciliation pendant le temps où il conserve le statut de pénitent.

Les actes par lesquels il se punit sont indissociables des actes par lesquels il se révèle. Punition de soi et expression volontaire de soi sont[a] liées l'une à l'autre.

Un correspondant de saint Cyprien au milieu du IIIe siècle écrit, par exemple, que ceux qui veulent faire pénitence sont tenus, je cite, « de montrer la douleur qu'ils éprouvent, d'exprimer leur honte, de manifester leur humilité et d'exhiber leur modestie »[17]. Et dans la *Paraenesis*, saint Pacien dit que la véritable pénitence ne s'accomplit pas d'une façon nominale, mais qu'elle trouve ses instruments dans le sac, les cendres, le jeûne, l'affliction et la participation d'un grand nombre de gens en prières[18]. En quelques mots, la pénitence aux premiers siècles du christianisme est un mode de vie qui se manifeste à tout moment à travers une obligation de se montrer soi-même; et c'est, exactement, l'*exomologesis*.

Comme vous voyez, cette *exomologesis* n'obéit pas à un principe judiciaire de corrélation, d'exacte corrélation, ajustant la punition au crime. L'*exomologesis* obéit à une loi d'emphase dramatique et de théâtralité maximale. Et cette *exomologèse* n'obéit pas non plus à un principe de vérité fondé sur la correspondance entre énonciation verbale et réalité. Comme vous le voyez, il n'y a pas dans cette *exomologesis* de description d'une pénitence; il n'y a ni aveu, ni énumération verbale des péchés, ni analyse des péchés, mais des expressions corporelles et symboliques[19]. Fabiola n'avoue pas sa faute, en disant à quelqu'un ce qu'elle a fait, mais elle met sous les yeux de tous la chair, le corps, qui a commis le péché. Et, paradoxalement, l'*exomologesis* est ce moment où le péché est effacé, où la pureté acquise par le baptême est restituée, et cela en montrant le pécheur tel qu'il est dans sa réalité – sale, profané, souillé.

a. *Berkeley* : strictement

Tertullien utilise un mot pour traduire le mot grec *exomologesis* : il disait que c'était la *publicatio sui*, que le chrétien devait se publier lui-même[20]. Se publier soi-même, cela veut dire qu'il doit faire deux choses. Il doit se montrer lui-même en tant que pécheur, c'est-à-dire comme quelqu'un qui, choisissant la voie du péché, a préféré l'impureté à la pureté, la terre et la poussière au ciel, la pauvreté spirituelle aux trésors de la foi. En un mot, il doit se montrer comme quelqu'un qui a préféré la mort spirituelle à la vie éternelle. Et c'était la raison pour laquelle l'*exomologesis* était une sorte de représentation de la mort ; elle était la représentation théâtrale du pécheur comme mort ou mourant. Mais cette *exomologesis* était aussi une façon pour le pécheur d'exprimer sa volonté de se libérer de ce monde, de se débarrasser de son propre corps, de détruire sa propre chair et d'accéder à une nouvelle vie spirituelle. C'est la représentation théâtrale du pécheur comme voulant sa propre mort en tant que pécheur. C'est la représentation dramatique du renoncement à soi.

Pour justifier cette *exomologesis* et cette renonciation à soi à travers la manifestation de la vérité au sujet de soi, les Pères chrétiens avaient recours à plusieurs modèles. Le modèle médical bien connu était très souvent utilisé dans la philosophie païenne ; on doit montrer ses plaies aux médecins si l'on veut être guéri. Ils utilisaient aussi le modèle judiciaire : on apaise toujours le tribunal en avouant spontanément ses fautes. Mais le modèle le plus important pour justifier la nécessité de l'*exomologesis* est le modèle du martyre[21]. Le martyr est celui qui préfère affronter la mort plutôt que renoncer à sa foi. Le pécheur renonce à la foi pour conserver la vie d'ici-bas ; il sera réintégré seulement si, à son tour, il s'expose lui-même à une sorte de martyre dont tous seront témoins, et qui est la pénitence, ou la pénitence comme *exomologesis*. Cette manifestation n'a donc pas pour fonction d'établir une identité personnelle ; elle sert plutôt à témoigner, par la manifestation dramatique de ce qu'on est, le refus de soi, la rupture avec soi-même. On se souvient de ce qu'était l'objectif de la technologie des stoïciens : c'était de superposer, comme j'ai essayé de vous l'expliquer la semaine dernière, le sujet de la connaissance et le sujet de la volonté au moyen d'une remémoration continuelle des règles. La formule qui est au cœur de l'*exomologesis* est, au contraire, *ego non sum ego*[22]. L'*exomologesis* cherche, contrairement aux techniques stoïciennes, à superposer, par un acte de rupture violente, la vérité au sujet de soi et le renoncement à soi. Dans les gestes ostentatoires de macération, la révélation de soi dans l'*exomologesis* est, au même moment, destruction de soi[23].[a]

Si nous nous tournons vers l'aveu dans les institutions monastiques, il est bien sûr très différent de cette *exomologesis*.

a. *Berkeley, à la place de ces trois derniers paragraphes* : Cette forme, attestée depuis la fin du [II]e siècle, subsistera très longtemps dans le christianisme, puisqu'on en trouve les séquelles dans les ordres de pénitents si importants au [XV]e et au [XVI]e siècle. On peut voir que les procédures de manifestation de la vérité y sont multiples et complexes. Certains actes d'*exomologesis* ont lieu en privé, mais la plupart s'adressent au public. Tertullien a une expression caractéristique pour désigner cet aspect de la pénitence : *publicatio sui*. Le pénitent doit parler, il utilise un moyen verbal pour s'exprimer en tant que pécheur, mais, dans cette manifestation de soi, la part non verbale est la plus importante : vêtements, gestes, supplications, larmes, etc. Dans cette *exomologesis*, dans cette *publicatio sui*, le péché n'est pas désigné à travers une description précise, à travers une analyse verbale, mais principalement à travers une expression somatique et symbolique. En exposant son corps, Fabiola met sous les yeux de tous la chair qui a commis le péché. Il y a là quelque chose de paradoxal. La *publicatio sui* a en réalité deux fonctions. Elle est destinée à effacer le péché, à le rayer, à le faire disparaître, à restaurer la pureté antérieure acquise par le baptême, mais elle est aussi destinée à

Dans les institutions chrétiennes des premiers siècles on trouve une autre forme d'aveu, très différente de celle-ci. C'est l'aveu organisé dans les communautés monastiques[a][24]. D'une certaine façon, cet aveu est proche de l'exercice pratiqué dans les écoles

montrer le pécheur tel qu'il est : sale, profané, souillé. La majorité des actes qui constituent la pénitence n'a pas pour rôle de dire la vérité au sujet du péché ; elle a pour rôle de montrer l'être véritable du pécheur, ou le véritable être de pécheur du sujet. L'expression de Tertullien *publicatio sui* n'est pas une façon de dire que le pécheur doit expliquer ses péchés ; l'expression signifie qu'il doit se produire lui-même en tant que pécheur, dans sa réalité de pécheur.

Et maintenant la question est : pourquoi le fait de se manifester comme pécheur doit-il s'avérer efficace pour effacer les péchés ? Pour jeter un coup d'œil succinct à ce problème, on peut dire que les Pères chrétiens ont recours à trois modèles. Le modèle médical bien connu : on doit montrer ses plaies si l'on veut être guéri. Un autre modèle est souvent utilisé, le modèle du tribunal et du jugement : on apaise toujours son juge en avouant spontanément ses fautes. Le jour du jugement, le démon lui-même se lèvera pour accuser le pécheur ; si le pécheur l'a déjà devancé en s'accusant lui-même, l'ennemi sera obligé de se tenir tranquille. Mais le modèle le plus important utilisé pour justifier la nécessité de l'*exomologesis*, de la *publicatio sui*, dans la pénitence est d'une nature complètement différente. C'est le modèle du martyre. Il ne faut pas oublier que la pratique et la théorie de la pénitence ont été élaborées dans une large mesure autour du problème des relaps[25]. Le martyr est celui qui préfère affronter la mort plutôt que renoncer à sa foi. Le relaps renonce à la foi pour conserver la vie d'ici-bas ; il sera réintégré seulement si, à son tour, il s'expose lui-même volontairement à une sorte de martyre dont tous seront témoins, et cette sorte de martyre est la pénitence. En résumé, la pénitence, dans la mesure où elle est une reproduction du martyre, est une affirmation de la *metanoia*, du changement, de la rupture avec soi-même, avec son passé, une rupture avec le monde et avec toute la vie

a. *Berkeley* : d'abord dans le monde oriental

païennes de philosophie. Il n'y a rien d'étonnant à cela, puisque[a] la vie monastique se présentait comme la vraie forme de vie philosophique, et que le monastère était présenté comme l'école de philosophie. Il y a un évident transfert dans la spiritualité chrétienne de plusieurs technologies de soi provenant des pratiques de la philosophie païenne.

À propos de cette continuité, je ne citerai qu'un témoin, saint Jean Chrysostome, qui décrit un examen de conscience qui a exactement la même forme, la même tournure, le même caractère administratif, que ce que décrit Sénèque dans le *De ira* et dont j'ai parlé la semaine dernière. Saint Jean Chrysostome dit – et vous allez retrouver exactement, ou presque, les mêmes mots que chez Sénèque –, Chrysostome écrit : « C'est le matin que nous nous faisons rendre compte de nos dépenses pécuniaires ; c'est le soir, après notre repas, lorsque nous sommes couchés et que personne ne nous trouble et ne nous inquiète, c'est alors qu'il faut nous demander compte à nous-mêmes de notre conduite. […] Cessons

antérieure[26]. Cette manifestation, comme vous voyez, n'a donc pas pour fonction d'établir une identité. Elle sert plutôt à témoigner, par la manifestation dramatique de ce qu'on est, le refus de soi, la rupture avec soi. *Ego non sum ego,* telle est la formule qui est au cœur de la *publicatio sui,* de l'*exomologesis.* Et les gestes ostentatoires de macération ont pour fonction de montrer, en même temps, l'état de pécheur dans sa vérité et l'authenticité de la rupture. C'est une révélation de soi qui est en même temps une destruction de soi. On se souvient de ce qu'était l'objectif de la technologie de soi stoïcienne : c'était de superposer le sujet de la connaissance et le sujet de la vérité au moyen d'une remémoration continuelle des règles. Au contraire, l'*exomologesis*, la *publicatio sui*, qui caractérise la pénitence cherche à superposer, par un acte de rupture violente, la vérité au sujet de soi et la renonciation à soi.

a. *Berkeley* : cette philosophie grecque a eu une grande influence dans le monde oriental et que

de dépenser mal à propos, et tâchons de mettre en place des fonds utiles à la place de dépenses nuisibles, des prières à la place de paroles indiscrètes… »[27]. Vous reconnaissez exactement le même examen de soi administratif que vous pouviez trouver la semaine dernière avec Sénèque.

Mais les pratiques anciennes de ce genre ont été modifiées sous l'influence de deux éléments fondamentaux de la spiritualité chrétienne : le principe d'obéissance et le principe de contemplation. Premièrement, le principe d'obéissance. Nous avons vu que dans les écoles philosophiques de l'Antiquité, la relation entre le maître et le disciple était, si je puis dire, utilitaire et provisoire. L'obéissance du disciple était fondée sur la capacité du maître à le conduire à une vie heureuse et autonome. Pour une longue série de raisons dont je n'ai pas le temps de discuter ici, la relation entre le maître et le disciple a des particularités très différentes dans la vie monastique et surtout, bien sûr, dans les communautés cénobitiques. L'obéissance dans les institutions monastiques doit porter sur tous les aspects de la vie ; il y a un adage, bien connu dans la littérature monastique, qui dit : « Tout ce que l'on ne fait pas sur l'ordre de son directeur, ou tout ce que l'on fait sans sa permission, est un vol. »[28] [a] L'obéissance est donc une relation permanente, et même quand le moine est âgé, même quand il devient à son tour un maître, même alors il doit conserver l'esprit d'obéissance comme sacrifice permanent de sa propre volonté[29].

Une autre particularité distingue la discipline monastique de la vie philosophique. Dans la vie monastique, le bien suprême n'est pas la maîtrise de soi ; le bien suprême est la contemplation de

a. *Berkeley* : Et Cassien raconte l'histoire d'un jeune moine qui était si malade qu'il était sur le point de mourir. Mais avant de mourir, il demande la permission à son maître qui le lui interdit. Il vit donc quelques semaines de plus, et alors le maître lui ordonne de mourir, et le jeune moine meurt[30].

Dieu. Le moine a l'obligation de tourner continuellement ses pensées vers ce point unique qui est Dieu, et il a aussi l'obligation de faire en sorte que son cœur, son âme, et l'œil de son âme, soient assez purs pour voir Dieu et recevoir de lui la lumière[a][31].

Placée sous ce principe d'obéissance et orientée vers l'objectif de la contemplation, la technologie de soi qui se développe dans le monachisme chrétien présente, vous le comprenez, des caractéristiques particulières. Les *Institutiones* et les *Collationes* de Jean Cassien[32] font une présentation assez systématique et claire de l'examen de soi et de l'aveu tels qu'ils étaient pratiqués chez les moines palestiniens et égyptiens[33]. Et je vais suivre plusieurs des indications que vous pouvez trouver dans ces deux ouvrages, qui furent écrits au début du V[e] siècle.[b] D'abord, l'examen de soi. Le premier point au sujet de l'examen de soi dans la vie monastique est que celui-ci, dans ce type d'exercice chrétien, concerne bien plus les pensées que les actions. Puisqu'il doit tourner continuellement ses pensées vers Dieu, ce n'est pas, on le comprend très bien, le cours de ses actions que le moine doit prendre en main, comme le philosophe stoïcien ; il doit prendre en main le cours de ses pensées. Pas seulement les passions qui pourraient rendre hésitante la fermeté de sa conduite ; il doit prendre en main les images qui se présentent à l'esprit, les pensées qui viennent troubler la contemplation, les diverses suggestions qui détournent

a. *Berkeley* : divine

b. *Berkeley, à la place des deux dernières phrases* : Les *Institutiones* et les *Collationes* de Jean Cassien présentent d'une façon assez systématique et claire cet examen de soi et l'aveu tels qu'ils étaient pratiqués chez les moines égyptiens que Jean Cassien a visités avant de revenir dans le sud de la France et d'écrire ces deux livres qui sont comme une relation de voyage parmi les monastères d'Égypte et de Palestine. Donc, comment Jean Cassien décrit-il l'examen de soi et l'aveu qui sont pratiqués par ces moines qu'il a visités en Orient ?

l'attention de l'esprit de son objet, c'est-à-dire de Dieu. À tel point que la matière première sur laquelle s'exercent la surveillance et l'examen de soi est un domaine antérieur aux actions, bien sûr, antérieur aussi à la volonté, un domaine même antérieur aux désirs – une matière beaucoup plus tenace que la matière que le philosophe stoïcien doit examiner en lui. Le moine doit examiner une matière que les Pères grecs appellent (de façon presque toujours péjorative) les *logismoi*[34], en latin les *cogitationes*, les mouvements presque imperceptibles des pensées, la mobilité permanente de l'âme[35]. C'est la matière que le moine doit continuellement examiner pour maintenir l'œil de son esprit toujours orienté vers l'unique point qui est Dieu.[a] Mais, quand le moine surveille ses pensées, de quoi se préoccupe-t-il? Non pas, bien sûr, de la relation entre l'idée et la réalité. Il ne se préoccupe pas de la relation de vérité qui fait qu'une idée est fausse ou vraie. Il ne s'intéresse pas à la relation entre son esprit et le monde extérieur. Ce qui le préoccupe, c'est la nature, la qualité, la substance de ses pensées.

Nous devons, je crois, nous arrêter un moment sur ce point important. Pour faire comprendre en quoi consiste cet examen permanent, Cassien utilise trois comparaisons. Il utilise d'abord la comparaison du moulin. La pensée, dit Cassien, est comme une meule qui moud les grains. Les grains sont bien sûr les idées qui se

a. *Berkeley, à la place de « À tel point que la matière première [...] l'unique point qui est Dieu »*: À tel point que la matière première sur laquelle s'exercent la surveillance et l'examen de soi n'est pas le désir de la volonté, c'est un domaine antérieur au désir, une matière beaucoup plus tenace. Cette matière est ce que les Pères grecs appellent (de façon presque toujours péjorative) les *logismoi*, en latin les *cogitationes*, les pensées, les mouvements presque imperceptibles des pensées, la mobilité permanente de l'âme, cette âme que Cassien décrit en utilisant deux mots grecs, *polukinêtos kai aeikinêtos*; [ce qui veut dire] que l'âme est toujours en mouvement et dans toutes les directions.

présentent continuellement à l'esprit. Et dans la comparaison de la meule, il appartient au meunier de trier, parmi les grains, ceux qui sont mauvais et ceux qui peuvent accéder à la meule parce qu'ils sont bons[36]. Cassien a aussi recours à la comparaison de l'officier qui fait défiler ses soldats devant lui et les fait aller à droite ou à gauche, assignant à chacun sa tâche selon ses capacités[37]. Et enfin, et c'est, je crois, le plus important, le plus intéressant, Cassien dit que l'on doit être à l'égard de soi-même comme un changeur d'argent, auquel on présente des pièces de monnaie, et dont la tâche consiste à les examiner, à vérifier leur authenticité, de façon à accepter celles qui sont authentiques tout en rejetant celles qui ne le sont pas. Cassien développe longuement cette comparaison. Quand un changeur d'argent examine une pièce de monnaie, dit Cassien, il regarde l'effigie que porte la pièce, il examine le métal dont elle est faite, pour savoir quel il est et s'il est pur. Le changeur d'argent cherche à savoir de quel atelier elle provient et il la soupèse pour savoir si elle n'a pas été limée ou maltraitée. De la même façon, dit Cassien, on doit vérifier la qualité de ses pensées, on doit savoir si elles portent vraiment l'effigie de Dieu, c'est-à-dire si elles nous permettent vraiment de le contempler, si l'éclat de leur surface ne cache pas l'impureté d'une mauvaise pensée. Quelle est leur origine ? Viennent-elles de Dieu, ou de l'atelier du démon ? Enfin, même si leur qualité et leur origine sont bonnes, n'ont-elles pas été rongées et rouillées par de mauvais sentiments[38] ? Je crois que cette forme d'examen est à la fois nouvelle et historiquement importante.

Peut-être ai-je un peu trop insisté, à propos des stoïciens, sur le fait que leur examen, l'examen stoïcien, concernait les actions et les règles. On doit cependant admettre l'importance de la question de la vérité chez les stoïciens, mais la question était présentée en termes d'opinions vraies ou fausses favorisant la formation d'actions bonnes ou mauvaises. Pour Cassien, le problème n'est pas de savoir s'il y a conformité entre l'idée et l'ordre des choses extérieures; il s'agit d'examiner la pensée en elle-même. Montre-t-elle réellement sa véritable origine, est-elle aussi pure qu'elle le paraît, des éléments étrangers ne se sont-ils pas insidieusement mêlés à elle? Tout compte fait, la question n'est pas : « Ai-je tort de penser ce genre de chose? », mais « N'ai-je pas été trompé par la pensée qui m'est venue? » La pensée qui me vient – et indépendamment de la vérité des choses qu'elle représente – n'est-elle pas une illusion de ma part au sujet de moi-même? Par exemple, l'idée m'est venue que jeûner est une bonne chose. Cette idée est certainement vraie, mais peut-être a-t-elle été suggérée non par Dieu mais par Satan afin de me mettre en compétition avec d'autres moines, et alors de mauvais sentiments au sujet des autres peuvent se mêler au projet de jeûner plus que je ne le fais. Ainsi, l'idée est vraie au regard du monde extérieur, ou au regard des règles, mais l'idée est impure puisque, par son origine, elle s'enracine dans de mauvais sentiments. Et nous devons déchiffrer nos pensées comme des données subjectives qui doivent être interprétées, qui doivent être examinées minutieusement, dans leurs racines et leurs origines.[a]

Il est impossible de ne pas être frappé par la ressemblance de ce thème général, et par la ressemblance de cette image du changeur d'argent, avec plusieurs textes de Freud au sujet de la censure[39]. On pourrait dire que la censure freudienne est à la fois la même chose et l'inverse du changeur de Cassien. Le changeur de Cassien et la censure freudienne doivent tous les deux contrôler l'accès à la conscience, ils doivent laisser entrer certaines représentations et rejeter les autres. Mais le changeur de Cassien a pour fonction de déchiffrer ce qui est faux ou illusoire dans ce qui se présente à la conscience, et puis de ne laisser entrer que ce qui est authentique. À cet effet, le changeur de monnaie de Cassien utilise une capacité

a. *Berkeley : passage non prononcé.*

spécifique que les Pères latins appelaient *discretio*[40a]. La censure freudienne est, comparée au changeur de Cassien, à la fois plus perverse et plus naïve.[b] La censure freudienne rejette ce qui se présente tel qu'il est, et[c] elle accepte ce qui est suffisamment déguisé. Le changeur de Cassien est un opérateur de vérité à travers la *discretio*; la censure freudienne est un opérateur de fausseté à travers la symbolisation.[d] Mais je ne veux pas pousser plus loin ce parallèle; c'est seulement une indication, mais je crois que les relations entre le dispositif freudien et les techniques de spiritualité chrétiennes pourraient être, si c'est fait sérieusement, un champ de recherche très intéressant.

Mais nous devons aller plus loin, car le problème est: comment est-il possible de réaliser, comme le veut Cassien, comment est-il possible de réaliser continuellement cet examen de soi nécessaire, ce nécessaire contrôle par soi des plus petits mouvements dans les pensées? Comment est-il possible de réaliser cette nécessaire herméneutique de nos propres pensées? La réponse donnée par Cassien et ses inspirateurs est à la fois évidente et surprenante. La réponse donnée par Cassien est: tu interprètes tes pensées en les disant à ton maître ou à ton directeur spirituel; tu interprètes tes pensées en avouant, non pas bien sûr tes actes, non pas en avouant tes fautes, mais en avouant continuellement le mouvement que tu peux noter dans ta

a. *Berkeley*: et les Pères grecs *diacrisis*

b. *Berkeley*: Perverse car

c. *Berkeley*: beaucoup plus naïve car

d. *Berkeley, à la place de cette phrase*: Le changeur de Cassien est un opérateur de vérité à travers la *discretio* et la *diacrisis*; la censure freudienne est un opérateur symbolique ou un opérateur de fausseté à travers le symbolisme.

pensée[41].[a] Pourquoi cet aveu est-il capable d'assumer ce rôle herméneutique? Une raison vient de l'esprit: en exposant les mouvements de son cœur, le disciple permet à l'ancien de connaître ces mouvements et, grâce à sa plus grande expérience, à sa plus grande sagesse, l'ancien, le père spirituel, peut mieux comprendre ce qui se passe. Son ancienneté lui permet de distinguer la vérité de l'illusion dans l'âme de la personne qu'il dirige.

Mais ce n'est pas la principale raison invoquée par Cassien pour expliquer la nécessité de l'aveu. Il y a pour Cassien une vertu spécifique de vérification dans cet acte de verbalisation. Parmi tous les exemples que cite Cassien, il y en a un qui est particulièrement éclairant sur ce point. Cassien cite l'anecdote suivante: un jeune moine, Sarapion, incapable de supporter le jeûne obligatoire, volait chaque soir un pain. Mais bien sûr, il n'osait pas l'avouer à son directeur spirituel, et un jour, ce directeur spirituel, qui sans doute devinait tout, fit un sermon public sur la nécessité

a. *Berkeley, à la place de « Mais nous devons aller plus loin [...] le mouvement que tu peux noter dans ta pensée »*: Ce sur quoi je voudrais insister ce soir est quelque chose d'autre, ou, au moins, quelque chose qui est indirectement lié à cela. Il y a quelque chose de vraiment important dans la façon dont Cassien pose le problème de la vérité au sujet de la pensée. 1) Les pensées – non pas les désirs, ni les passions, ni les attitudes, ni les actes – apparaissent chez Cassien et dans toute la spiritualité qu'il représente comme un champ de données subjectives qui doivent être considérées et analysées en tant qu'objets[42]. Et je crois que c'est la première fois dans l'histoire que les pensées sont considérées comme des objets possibles pour une analyse. 2) Les pensées ne doivent pas être analysées en relation avec leur objet, selon l'expérience objective ou selon des règles logiques, elles doivent être suspectées puisqu'elles peuvent être secrètement altérées, déguisées dans leur propre substance. 3) Ce dont l'homme a besoin s'il ne veut pas être la victime de ses propres pensées, c'est d'un perpétuel travail d'interprétation, d'une perpétuelle herméneutique. La fonction de cette herméneutique est de découvrir la

de dire la vérité. Convaincu par ce sermon, le jeune Sarapion sort de sous sa robe le pain qu'il a volé et le montre à tout le monde. Puis il se prosterne et avoue le secret de son repas quotidien, et alors, non pas au moment où il montre le pain qu'il a volé, mais au moment précis où il avoue, avoue verbalement, le secret de son repas quotidien, à ce moment précis de l'aveu, une lumière semble s'arracher de son corps et traverser la pièce, en répandant une écœurante odeur de souffre[43].

réalité cachée à l'intérieur de la pensée. 4) Cette réalité qui est capable de se cacher à l'intérieur de mes pensées, cette réalité est un pouvoir, un pouvoir qui n'est pas d'une autre nature que mon âme, comme l'est, par exemple, le corps. Le pouvoir qui se cache à l'intérieur de mes pensées, ce pouvoir est de même nature que mes pensées et que mon âme : c'est le diable, c'est la présence de quelqu'un d'autre en moi[44]. Cette constitution de la pensée comme champ de données subjectives requérant une analyse interprétative pour découvrir le pouvoir de l'autre en moi est, je crois, si nous la comparons avec les technologies de soi stoïciennes, une façon absolument nouvelle d'organiser la relation entre la vérité et la subjectivité. Je crois que l'herméneutique de soi commence ici.

Mais nous devons aller plus loin, car le problème est : comment est-il possible de réaliser continuellement cette nécessaire herméneutique de nos pensées, comment est-il possible de faire ce travail du changeur, comment est-il possible d'être le changeur d'argent de nous-mêmes, le changeur d'argent de nos pensées ? La réponse donnée par Cassien et ses inspirateurs au sujet de ce travail de changeur de monnaie est à la fois évidente et surprenante. Voici cette réponse : tu seras le changeur d'argent de toi-même, tu seras le changeur d'argent de tes pensées, tu interpréteras tes pensées, tu seras un herméneute de toi-même, seulement en disant cette pensée au maître ou au père, en avouant, non pas tes fautes, non pas tes actes, non pas ce que tu as fait, [mais] en avouant tes pensées, le mouvement de tes pensées, les plus imperceptibles mouvements de ces pensées. Et cette opération, le fait de dire à quelqu'un d'autre ce qui se passe dans ta conscience, dans ta pensée, c'est le mécanisme qui assure le travail du changeur d'argent.

On voit que, dans cette anecdote, l'élément décisif n'est pas que le maître connaisse la vérité. Ce n'est même pas que le jeune moine révèle son acte et restitue l'objet de son vol. C'est l'aveu, l'acte verbal de l'aveu, qui vient en dernier et qui fait apparaître, en un certain sens, par son propre mécanisme, la vérité, la réalité de ce qui est arrivé. L'acte verbal de l'aveu est la preuve, est la manifestation, de la vérité. Pourquoi ? C'est, je crois, parce que ce qui fait la différence entre les bonnes et les mauvaises pensées, selon Cassien, c'est qu'on ne peut pas faire référence à celles qui sont mauvaises sans difficulté. Si l'on rougit en les reconnaissant, si l'on cherche à cacher ses propres pensées, si même tout simplement on hésite à dire ses pensées, c'est la preuve que ces pensées ne sont pas aussi bonnes qu'elles peuvent le paraître. Le diable les habite. Ainsi, la verbalisation constitue un moyen de trier les pensées qui se présentent. On peut tester leur valeur selon qu'elles résistent ou non à la verbalisation. Cassien donne la raison de cette résistance : Satan en tant que principe du mal est incompatible avec la lumière, et il résiste[a] quand l'aveu le tire des sombres cavernes de la conscience jusqu'à la lumière du discours explicite. Je cite Cassien : « Une mauvaise pensée produite au jour perd aussitôt son venin. [...] L'affreux serpent, que cet aveu a, pour ainsi dire, arraché à son antre souterrain et ténébreux, pour le jeter à la lumière et donner sa honte en spectacle, s'empresse de battre en retraite. »[45] Cela signifie-t-il qu'il suffirait que le moine dise à haute voix ses pensées même quand il est seul ? Non, bien sûr. La présence de quelqu'un, même s'il ne parle pas, même si c'est une présence silencieuse, cette présence est requise pour ce genre d'aveu[46], parce que l'*abba*, ou le frère, ou le père spirituel, qui entend cet aveu est l'image de Dieu. Et la verbalisation des pensées est un moyen de placer sous les yeux de Dieu toutes

---

a. *Berkeley* : avec les pensées sous lesquelles il se cache les idées, les images, les suggestions, comme elles viennent à la conscience, et sous cette lumière divine, elles montrent nécessairement ce qu'elles sont.

Sur ces bases, nous pouvons voir 1) que la verbalisation a en elle-même une fonction interprétative. La verbalisation contient en elle un pouvoir de *discretio*.[a] 2) Cette verbalisation n'est pas une sorte de rétrospection au sujet des actes passés. La verbalisation que Cassien impose aux moines doit être une activité permanente, aussi contemporaine que possible du flux des pensées.[b] 3) Cette verbalisation doit aller[c] aussi loin que possible dans les profondeurs des pensées. Celles-ci, quelles qu'elles soient, ont une origine cachée, des racines obscures, des parties secrètes, et le rôle de la verbalisation est de déterrer ces origines et ces parties secrètes. 4) Comme la verbalisation porte à la lumière extérieure le mouvement profond de la pensée, elle conduit aussi et par le même processus l'âme humaine du règne de Satan à la loi de Dieu.[d] Cela veut dire que la verbalisation est un moyen pour que la conversion, pour que la *metanoia*, comme disaient les Pères grecs, se développe et produise son effet. Puisque, sous le règne de Satan, l'être humain était attaché à lui-même, la verbalisation en tant que mouvement vers Dieu est une renonciation à Satan et une renonciation à soi-même. La verbalisation est un sacrifice de soi. À cette verbalisation permanente, exhaustive et sacrificielle des

a. *Berkeley, à la place de cette phrase* : Elle détient en elle un pouvoir de *diacrisis*, de différenciation, de *discretio*.

b. *Berkeley* : Le moine doit dire au père *omnes cogitationes*, toutes ses pensées.

c. *Berkeley, à la place de « doit aller »* : doit être exhaustive, mais elle doit aller également

d. *Berkeley* : Le chemin qui mène de la nuit à la lumière de la conscience est aussi le chemin qui mène de Satan à Dieu.

pensées, qui était obligatoire pour les moines dans l'institution monastique, à cette verbalisation permanente des pensées, les Pères grecs donnaient le nom d'*exagoreusis*[47].

Ainsi, comme vous le voyez, dans le christianisme des premiers siècles, l'obligation de dire la vérité au sujet de soi-même devait prendre deux formes principales, l'*exomologesis*[a] et l'*exagoreusis*[b], et, comme vous le voyez, elles sont très différentes l'une de l'autre. D'un côté, l'*exomologesis* est une expression dramatique par le pénitent de son état de pécheur, et cela dans une sorte de manifestation publique. De l'autre côté, [avec] l'*exagoreusis*, nous avons une verbalisation analytique et continuelle des pensées, et cela dans une relation d'obéissance totale à la volonté du père spirituel. Mais il faut remarquer que cette verbalisation, comme je viens de vous le dire, est aussi un moyen de renoncer à soi et de ne plus vouloir être le sujet de la volonté. Ainsi, la règle de l'aveu dans l'*exagoreusis*, cette règle de verbalisation permanente, trouve son parallèle dans le modèle du martyre qui hante l'*exomologesis*. La macération ascétique exercée sur le corps et la règle d'une verbalisation permanente appliquée aux pensées, l'obligation de macérer le corps et l'obligation de verbaliser les pensées, sont profondément et étroitement liées.[c] Elles sont censées avoir les mêmes buts et le même effet. Si bien que l'on peut isoler comme élément commun aux deux pratiques le principe suivant : la révélation de la vérité au sujet de soi ne peut pas, dans ces deux expériences du christianisme primitif, être dissociée de l'obligation de renoncer à soi. Nous devons sacrifier

a. *Berkeley* : la *publicatio sui*

b. *Berkeley* : la verbalisation exhaustive

c. *Berkeley, à la place de cette phrase* : La macération ascétique exercée sur le corps et l'obligation de verbalisation appliquée aux pensées, ces deux choses – macération somatique et verbalisation – sont symétriques.

le soi pour découvrir la vérité au sujet de nous-mêmes, et nous devons découvrir la vérité au sujet de nous-mêmes pour nous sacrifier nous-mêmes. Vérité et sacrifice, la vérité au sujet de nous-mêmes et le sacrifice de nous-mêmes, sont profondément et étroitement liés. Et nous devons comprendre ce sacrifice non seulement comme un changement radical de mode de vie, mais comme la conséquence d'une formule comme celle-ci : tu deviendras le sujet de la manifestation de la vérité quand et seulement quand tu disparaîtras ou quand tu te détruiras en tant que corps réel ou en tant qu'existence réelle [48]. [a]

Arrêtons ici. J'ai été à la fois trop long et beaucoup trop schématique. Je voudrais que vous considériez ce que j'ai dit seulement comme un point de départ, une de ces petites [b] origines que Nietzsche aimait découvrir au commencement de grandes choses. Les grandes choses que ces pratiques monastiques annonçaient sont nombreuses. Je vais mentionner, juste avant de finir, quelques unes d'entre elles.

Premièrement, comme vous voyez, l'apparition d'un nouveau type de soi, ou au moins d'un nouveau type de relation à soi-même. Vous vous souvenez de ce que je vous ai dit la semaine dernière : la technologie de soi grecque, ou les techniques de

---

a. *Berkeley* : à partir de « *Nous devons sacrifier le soi...* », *la fin du paragraphe est différente* : Nous devons sacrifier le soi pour découvrir la vérité au sujet de nous-mêmes, et nous devons comprendre ce sacrifice non seulement comme un changement radical de mode de vie, mais comme la conséquence d'une formule comme celle-ci : tu deviendras le sujet de la manifestation de la vérité au sujet de toi-même à la condition que tu renonces à être le sujet de ta propre volonté par l'obéissance aux autres ou par la mise en scène symbolique de ta propre mort dans la *publicatio sui. Facere veritatem*, faire la vérité au sujet de soi-même, est impossible sans ce sacrifice.

b. *Berkeley* : de ces minuscules

soi philosophiques, visaient à produire un soi qui pouvait être, qui devait être, la superposition permanente dans la forme de la mémoire du sujet de la connaissance et du sujet de la volonté. Je crois que, dans le christianisme, nous voyons le développement d'une technologie de soi beaucoup plus complexe. Cette technologie de soi maintient la différence entre connaissance de l'être – connaissance du monde, connaissance de la nature – et connaissance de soi, et cette connaissance de soi prend forme dans la constitution de la pensée comme champ de données objectives qu'il faut interpréter. Et le rôle d'interprète est assumé par le travail d'une verbalisation continue des plus imperceptibles mouvements de la pensée – c'est la raison pour laquelle nous pourrions dire que le soi chrétien qui est lié à cette technique est un soi gnoséologique.

Et le second point qui me semble important est celui-ci : vous pouvez remarquer dans le christianisme primitif une oscillation entre la technologie de vérité sur soi tournée vers la manifestation du pécheur, la manifestation de l'être – ce que nous pourrions appeler la tentation ontologique du christianisme, et c'est l'*exomologesis* – et une autre technologie de vérité tournée vers l'analyse discursive et permanente de la pensée – c'est l'*exagoreusis*, et nous pourrions y voir la tentation épistémologique du christianisme. Et, comme vous le savez, après beaucoup de conflits et de fluctuations, la seconde forme de technologie, cette technologie de soi épistémologique, ou cette technologie de soi orientée en direction de la verbalisation permanente et de la découverte des plus imperceptibles mouvements de notre soi, cette forme a remporté la victoire après des siècles et des siècles, et est aujourd'hui dominante.

Même dans ces techniques herméneutiques dérivées de l'*exagoreusis*, la production de la vérité ne peut être atteinte, vous vous en souvenez, sans une condition très stricte : l'herméneutique de soi implique le sacrifice de soi. Et c'est, je crois, la contradiction profonde, ou, si vous voulez, la grande richesse, des technologies chrétiennes de soi : pas de vérité sur soi sans sacrifice de soi. Je crois que l'un des grands problèmes de la culture occidentale a été de trouver la possibilité de fonder l'herméneutique de soi non pas, comme c'était le cas dans le christianisme primitif, sur le sacrifice du soi, mais au contraire sur une émergence positive, sur l'émergence théorique et pratique, du soi. C'était le but des institutions judiciaires, c'était aussi le but des pratiques médicales et psychiatriques, c'était le but de la théorie politique et philosophique – constituer le fondement de la subjectivité en tant que racine d'un soi positif, ce que nous pourrions appeler l'anthropologisme permanent de la pensée occidentale. Et je crois que cet anthropologisme est lié au profond désir de substituer la figure positive de l'homme au sacrifice qui, pour le christianisme, était la condition de l'ouverture du soi en tant que champ d'une interprétation indéfinie[49]. Au cours des deux derniers siècles, le problème a été : quel pourrait être le fondement positif des technologies de soi que nous avons développées pendant des siècles ? Mais le moment vient peut-être pour nous de nous demander si nous avons vraiment besoin de cette herméneutique de soi. Peut-être le problème du soi n'est-il pas de découvrir ce qu'il est dans sa positivité, peut-être le problème n'est-il pas de découvrir un soi positif ou le fonde-ment positif du soi. Peut-être notre problème est-il maintenant de découvrir que le soi n'est rien d'autre que le corrélatif historique de la technologie construite au cours de notre histoire[50]. Peut-être le problème est-il de changer ces technologies. Et dans ce cas, un des principaux problèmes politiques serait aujourd'hui, au sens strict du mot, la politique de nous-mêmes[51]. Je vous remercie beaucoup.[a]

a. *Berkeley* : *à partir de « Premièrement, comme vous voyez, l'apparition d'un nouveau type de soi… », la fin de la conférence est différente* : 1) L'apparition de ce que nous pourrions appeler le soi gnoséologique. Vous vous souvenez de ce que je vous ai dit hier : la technologie de soi grecque visait à produire ce que j'appelais le soi gnomique, une superposition permanente dans la forme de la mémoire du sujet de la connaissance et du sujet de la volonté. Vous vous souvenez de ce que j'ai indiqué au début de cette conférence : dans les mouvements de type gnostique, il s'agissait de constituer une unité ontologique, la connaissance de l'âme et la connaissance de l'être, et alors se serait constitué ce que nous pourrions appeler le soi gnostique. Dans le christianisme, on voit le développement d'une technologie beaucoup plus complexe. Cette technologie, premièrement, maintient la différence entre la connaissance de soi et la connaissance de l'être. Et c'est la principale différence avec le soi gnostique, avec la technologie de soi gnostique. Et [deuxièmement], cette technologie de soi prend forme, non pas dans l'identification de la volonté et de la vérité, comme dans le soi gnomique, elle prend forme dans la constitution des pensées en tant que données subjectives qui doivent être interprétées. Et le rôle d'interprète est assumé par le travail d'une verbalisation continue des plus imperceptibles mouvements de la pensée – c'est la raison pour laquelle nous pourrions dire que le soi chrétien qui est lié à cette technique est un soi gnoséologique.

2) Le second point qui me semble important est celui-ci : il y a eu dans le christianisme primitif une perpétuelle oscillation entre une technologie de vérité sur soi tournée vers la manifestation de l'être, l'*exomologesis* – cette *exomologesis*, nous pourrions l'appeler la tentation ontologique du christianisme – et une technologie de vérité tournée vers l'analyse discursive des pensées, je veux dire l'*exagoreusis* – celle-là, nous pourrions l'appeler la tentation épistémologique du christianisme. Et, comme vous le savez, après beaucoup d'oscillations, après beaucoup de conflits et de fluctuations, la seconde, l'*exagoreusis*, la tentation épistémologique du christianisme, a remporté la victoire.

3) Même dans cette technique herméneutique dérivée de l'*exagoreusis*, la production de la vérité ne peut pas être atteinte sans une condition très stricte et très impérative : comme nous l'avons vu, l'herméneutique de soi implique le sacrifice de soi et, bien sûr, un processus de non identité. Et c'est, je crois, la contradiction profonde, ou, si vous voulez, la plus grande richesse, des technologies chrétiennes de soi : pas de vérité sur soi sans le sacrifice de soi. Le caractère central de l'aveu des péchés dans le christianisme trouve ici son explication. La verbalisation dans l'aveu des péchés est institutionnalisée en tant que jeu de vérité discursif, qui est un sacrifice du sujet qui précisément est en train de parler.

4) Et, dernier point, je crois que l'un des grands problèmes de la culture occidentale a été de trouver la possibilité de fonder l'herméneutique de soi, non sur le sacrifice du soi, mais sur une émergence positive du soi, sur une émergence théorique et pratique du soi, une orientation vers une technologie de l'identité du soi et non une technologie sacrificielle du soi. C'était le but des institutions judiciaires depuis le milieu du Moyen Âge, c'était aussi le but des pratiques médicales, psychiatriques et psychologiques depuis la fin du xviiie siècle, c'était aussi le but de la théorie politique, philosophique et épistémologique depuis le xviie siècle. C'est, je crois, le fondement, la racine profonde, de ce que nous pourrions appeler l'anthropologisme permanent de la manière de penser occidentale. Je crois que cet anthropologisme, cette orientation vers une technologie de l'identité et vers une théorie de l'homme comme racine d'une herméneutique de soi, je crois que cela est lié à la situation, à l'héritage du christianisme. C'est lié à ce profond désir de la société occidentale moderne de substituer la figure positive de l'homme au sacrifice qui était pour le christianisme la condition de l'ouverture du soi comme le champ d'une interprétation indéfinie. Ou nous pouvons dire que le problème, que l'un des problèmes, de la culture occidentale était celui-ci : comment pouvons-nous sauver l'herméneutique de soi et nous débarrasser du nécessaire sacrifice du soi qui était lié à cette herméneutique depuis le début du christianisme ? Au cours des deux derniers siècles, le problème a été : quel pourrait être le fondement positif de la technologie de soi que nous avons développée pendant des siècles et des siècles ?

Mais le moment vient, peut-être, pour nous de poser une autre question : cette herméneutique de soi vaut-elle la peine d'être sauvée ? Avons-nous encore réellement besoin de cette herméneutique de soi que nous avons héritée des premiers siècles du christianisme ? Avons-nous besoin d'un homme, d'un homme positif, pour servir de fondement à cette herméneutique de soi ? Peut-être le problème du soi n'est-il pas de découvrir ce qu'il est, mais de découvrir que le soi n'est rien d'autre que le corrélat de la technologie construite dans notre histoire. Et alors, le problème n'est peut-être pas de trouver un fondement positif pour ces technologies interprétatives, peut-être le problème est-il maintenant de changer ces technologies ou de se débarrasser de ces technologies, et alors de se débarrasser du sacrifice qui est lié à ces technologies. En ce cas, l'un des problèmes politiques principaux, au sens strict du mot « politique », le problème principal, serait la politique de nous-mêmes. Je vous remercie de votre attention.

1. Foucault insiste à plusieurs reprises sur la discontinuité entre le *gnôthi seauton* ancien et le « connais-toi toi-même » moderne, y compris au cours du débat qui suit les « Howison Lectures » de Berkeley (cf. *infra*, p. 126). Voir également HS, p. 16 et 443-444, où Foucault affirme qu'il ne faut pas « constituer une histoire continue du *gnôthi seauton* qui aurait pour postulat, implicite ou explicite, une théorie générale et universelle du sujet », mais « commencer par une analytique des formes de la réflexivité, une histoire des pratiques qui leur servent de support, pour pouvoir donner son sens – son sens variable, son sens historique, son sens jamais universel – au vieux principe traditionnel du "connais-toi toi-même" ».

2. Par « obligation de vérité », Foucault entend deux choses : « d'une part, l'obligation de croire, d'admettre, de postuler, que ce soit dans l'ordre de la foi religieuse ou dans l'ordre de l'acceptation d'un savoir scientifique, et d'autre part, l'obligation de connaître notre vérité à nous, mais également de la dire, de la manifester et de l'authentifier ». *Cf.* M. Foucault, « Entretien de Michel Foucault avec Jean François et John de Wit », dans MFDV, p. 249-250.

3. Pour une description analogue des « obligations de vérité » du christianisme, avec d'une part le pôle de la foi, du dogme, du Livre, et d'autre part le pôle du soi et de l'aveu – l'obligation « de chercher la vérité de soi-même, de la déchiffrer comme condition de salut et de la manifester à quelqu'un d'autre » –, *cf.* MFDV, p. 89-91 et « Les techniques de soi », conférences cit., p. 1623-1624. En revanche, dans le cours au Collège de France de 1979-1980, Foucault présente cette dualité, cette « extraordinaire tension » qui traverse le christianisme, en parlant de deux « régimes de vérité » différents, le régime de la foi et celui de l'aveu. *Cf.* GV, p. 81-82, 99-100.

4. Saint Augustin, *Les confessions*, Livre X, I, 1, dans *Œuvres de saint Augustin*, t. XIV, trad. fr. E. Tréhorel et G. Bouissou, Paris, Études augustiniennes, 1996 : « Voici, en effet, que tu as aimé la vérité, puisque celui qui fait la vérité vient à la lumière » (« *Ecce enim veritatem dilexisti, quoniam qui facit eam venit ad lucem* »). Saint Augustin paraphrase l'*Évangile selon saint Jean*, III, 21, dans *Nouveau Testament*, trad. fr. J. Grosjean et M. Léturmy, « Bibliothèque de la Pléiade », Paris, Gallimard, p. 280 : « Mais qui pratique la vérité vient à la lumière pour qu'il soit manifeste que ses œuvres sont le travail de Dieu. »

5. En 1978, pendant son séjour au Japon, Foucault eut l'occasion de discuter du rapport entre la mystique bouddhiste zen et les techniques de la mystique chrétienne avec des spécialistes. *Cf.* D. Defert, « Chronologie », dans DE I, p. 74. À cette occasion, il affirme que la spiritualité chrétienne et ses techniques recherchent « toujours plus d'individualisation », afin d'explorer à travers le « dis-moi qui tu es » ce qu'il y a « au fond de l'âme de l'individu », tandis que le zen et les techniques de la spiritualité bouddhiste cherchent à atténuer l'importance de l'individu – elles tendent à une « désindividualisation » ou à une « désubjectivisation ». D'après Foucault, donc, même si le zen et le mysticisme chrétien ne peuvent pas être comparés, leurs techniques sont comparables. *Cf.* M. Foucault, « La scène de la philosophie » (entretien avec M. Watanabe) et « Michel Foucault et le zen : un séjour dans un temple zen » (propos recueillis par C. Polac), dans DE II, n° 234 et 236, p. 592-593 et 621. Foucault reviendra ensuite à plusieurs reprises, bien que toujours rapidement, sur cette comparaison, en la déclinant parfois dans les termes du rapport entre sujet et vérité. *Cf.* GV, p. 183 et « Sexualité et solitude », conférence cit., p. 991, où il affirme : « Un chrétien a besoin de la lumière de la foi s'il veut sonder qui il est. Et, inversement, on ne peut concevoir qu'il ait accès à la vérité sans que son âme soit purifiée. Le bouddhiste, lui aussi, doit aller vers la lumière et découvrir la vérité sur lui-même. Mais le rapport entre les deux obligations est tout à fait différent dans le bouddhisme et dans le christianisme. Dans le bouddhisme, c'est le même type d'illumination qui conduit l'individu à découvrir qui il est et ce qu'est la vérité. À la faveur de cette illumination simultanée du soi et de la vérité, l'individu découvre que le soi n'était qu'une illusion. »

6. Dans la dernière leçon du cours au Collège de France de 1979-1980, Foucault parle de la nécessité pour le christianisme, qui voulait s'établir comme une religion du salut, de se détacher de la présomption de la perfection qui caractérisait les mouvements gnostiques, où se trouvait l'idée que l'esprit est une étincelle, une parcelle de la divinité, et que le salut s'obtient en retrouvant en soi cet élément divin. Ainsi, « pour le gnostique, connaître Dieu et se reconnaître soi-même, c'est la même chose » : connaissance de soi et mémoire du divin s'identifient. *Cf.* GV, p. 303-304. Foucault traite aussi de la gnose du point de vue de l'histoire des rapports entre subjectivité et vérité dans la première leçon du cours *L'herméneutique du sujet*, où il présente le gnosticisme précisément comme une sorte d'exception aux deux manières principales et historiquement dominantes d'entendre le rapport entre subjectivité et vérité : celle, moderne, de la « philosophie » et celle, antique, de la « spiritualité ». Ensuite, dans la leçon du 17 février 1982, Foucault

oppose deux « modèles » de la connaissance de soi : le modèle platonicien et gnostique, auquel il attribue une « fonction mémoriale » (réminiscence de l'être du sujet par lui-même), et le modèle chrétien, qui a plutôt une « fonction exégétique » (détecter la nature et l'origine des mouvements intérieurs qui se produisent dans l'âme). Enfin, dans la première heure de la leçon du 17 mars 1982, Foucault soutient que la spiritualité chrétienne au sein des institutions monastiques, à partir de la fin du III e siècle, s'est affranchie de la gnose en rejetant ses deux principes fondamentaux : le principe de la connaissance de soi et le principe de la reconnaissance de soi comme élément divin. *Cf.* HS, p. 18, 246 et 402-403. Sur les sources possibles des références foucaldiennes à la gnose, *cf.* M. Senellart, dans GV, p. 133, n. 6.

7. Dans la leçon du 1 er mars 1978 du cours *Sécurité, territoire, population*, Foucault présente la mystique d'une façon analogue, c'est-à-dire comme une forme de contre-conduite qui échappe essentiellement au pouvoir pastoral et à son « économie de la vérité » (fondée sur l'enseignement à tous les fidèles de la vérité comme dogme et sur l'extraction de la vérité comme secret découvert au fond de l'âme de chacun). *Cf.* STP, p. 215-217. Dans la dernière leçon de son dernier cours au Collège de France, Foucault parle à nouveau de la mystique, cette fois-ci en tant que « pôle parrèsiastique du christianisme », qui a subsisté, bien que dans le marges, contre le pôle anti-parrèsiastique de la tradition ascético-monastique – cette « grande entreprise du soupçon parrèsiastique que l'homme est appelé à manifester et à pratiquer à l'égard de lui-même, à l'égard des autres, par obéissance à Dieu, et dans la crainte et le tremblement de ce même Dieu ». *Cf.* CV, p. 307-308.

8. Pour plus de précisions sur cette histoire et sur le rôle complexe qu'y a joué le protestantisme, *cf.* MFDV, p. 165-166.

9. Foucault retrace en détail l'histoire de ces pratiques plus tardives de l'aveu chrétien dans la leçon du 19 février 1975 du cours *Les Anormaux*, et il en parle à nouveau dans la leçon du 13 mai 1981 du cours de Louvain. *Cf.* AN, p. 161-179 et MFDV, p. 182-189.

10. *Évangile selon Thomas*, dans *Écrits apocryphes chrétiens*, t. I, trad. fr. C. Gianotto, « Bibliothèque de la Pléiade », Paris, Gallimard, 1997, p. 23-53.

11. Dans le cours *Du gouvernement des vivants*, Foucault analyse trois grandes pratiques de manifestation de la vérité individuelle au sein du christianisme des premiers siècles : le baptême, la pénitence ecclésiale ou canonique et la direction de conscience. En particulier, au baptême (traité surtout à partir des textes de Tertullien) sont dédiées la deuxième moitié de la leçon du 6 février et les leçons du 13 et 20 février 1980. *Cf.* GV, p. 101-158. Par la suite, cependant, dans les conférences, les séminaires et les articles où

il aborde ce même sujet, Foucault choisit toujours de se concentrer plutôt sur la pénitence et la direction de conscience, c'est-à-dire sur l'*exomologesis* et l'*exagoreusis*, en laissant le baptême de côté.

12. Foucault parle déjà de la pénitence dans le christianisme primitif dans la leçon du 19 février 1975 du cours *Les Anormaux* (AN, p. 159-160); il lui consacre d'ailleurs en entier la leçon du 5 mars 1980 du cours *Du gouvernement des vivants*, ainsi que la deuxième partie de la leçon du 29 avril 1981 du cours de Louvain. *Cf.* GV, p. 189-210 et MFDV, p. 101-110. Enfin, Foucault décrit aussi brièvement cette pratique de l'*exomologesis* dans « Les techniques de soi », conférences cit., p. 1624-1627.

13. Pour plus de précisions sur ce terme, *cf.* GV, p. 150-151, 197-198 et MFDV, p. 103. « *Omologein*, cela veut dire : dire la même chose ; c'est être d'accord, c'est donner son assentiment, c'est convenir de quelque chose avec quelqu'un. *Exomologein*, le verbe par lequel on désigne ces actes – le substantif : *exomologesis* –, c'est, non pas être d'accord, c'est manifester son accord. Et l'*exomologesis*, ce sera donc la manifestation de son accord, la reconnaissance, le fait que l'on convient de quelque chose, à savoir de son péché et [d'être] pécheur. C'est cela, en gros, l'*exomologesis* que l'on demande au pénitent. » *Cf.* GV, p. 197.

14. Il s'agit de l'*expositio casus* ou, plus justement, de l'*expositio causae* dont Foucault parle, en citant saint Cyprien, dans la leçon du 5 mars 1980 du cours *Du gouvernement des vivants* et dans celle du 29 avril 1981 du cours de Louvain. *Cf.* GV, p. 199-200 et MFDV, p. 104.

15. Tertullien, *De la pudicité*, XIII, 7, dans *Œuvres de Tertullien*, t. III, trad. fr. E.-A. de Genoude, Paris, Louis Vivès, 1852, p. 274 : « …prenant par la main le coupable, caché sous un cilice, couvert de cendre, et annonçant par son extérieur le deuil et l'abattement, tu l'obliges de se prosterner publiquement devant les veuves et les prêtres, d'implorer l'assistance de nos frères, de baiser les pas de chacun d'eux, de se rouler humblement à leurs pieds. »

16. Saint Jérôme, *Lettre LXXVII*. « *À Océanus, sur la mort de Fabiola* », 4-5, dans *Correspondance*, t. IV, trad. fr. J. Labourt, Paris, Les Belles Lettres, 2002, p. 43-45 : « Sous les yeux de la ville de Rome tout entière, pendant les jours qui précèdent Pâques, dans la basilique qui fut jadis à Latéranus, décapité par le glaive d'un César, elle se tenait dans les rangs des pénitents, l'évêque, les prêtres et tout le peuple pleurant avec elle, les cheveux épars, le visage blême, les mains mal soignées, la tête souillée de cendres et humblement inclinée. [...] Elle a découvert à tous sa blessure, et, sur son corps pâli, Rome, en larmes, a contemplé ses cicatrices : elle avait la poitrine défaite, la tête nue, la bouche fermée. [...] Le visage par lequel elle avait charmé son second mari, elle le meurtrissait. »

17. Cyprien de Carthage, *Lettre XXXVI*, III, 3, dans *Correspondance*, t. I, trad. fr. L. Bayard, Paris, Les Belles Lettres, 2002, p. 91 : « C'est donc l'heure pour eux de faire pénitence de leur faute, d'éprouver le regret de leur chute, de se montrer réservés, de faire preuve d'humilité, de modestie, d'appeler par leur soumission la clémence divine, de faire descendre sur eux la divine miséricorde… »

18. Pacien de Barcelone, *Paraenesis sive Exhortatorius libellus ad paenitentiam*, traduit en français sous le titre « Exhortation à la pénitence », 12, dans *Le pécheur et la pénitence dans l'Église ancienne*, textes choisis, traduits et présentés par C. Vogel, Paris, Éditions du Cerf, 1966, p. 100 : « N'ayez pas de honte à cause des œuvres de pénitence à accomplir, ne tardez pas à recourir le plus vite possible aux remèdes appropriés au mal, à plonger votre cœur dans l'affliction, à envelopper votre corps d'un sac en guise de vêtement, à répandre sur votre tête des cendres, à vous macérer dans les jeûnes, à vous laisser – enfin – secourir par les intercessions de toute la communauté. »

19. Foucault, en analysant l'*exomologesis*, insiste toujours sur sa dimension dramatique, publique, spectaculaire, et cela précisément pour mieux marquer le contraste avec l'*exagoreusis* (la verbalisation exhaustive des péchés). L'*exomologesis* n'est pas une conduite verbale, mais une grande théâtralisation de la vie, du corps, des gestes du pénitent, où le langage joue un rôle mineur : elle « est entièrement du côté des éléments expressifs non verbaux, ou, si l'on emploie des mots, si l'on prie, si l'on supplie, ce n'est pas du tout pour dire le péché que l'on a commis, c'est pour affirmer que l'on est pécheur. […] Dans cette exomologèse, c'est la cendre qui parle, c'est le cilice, ce sont les vêtements, ce sont les macérations, ce sont les larmes, et le verbal n'y a de fonction qu'expressive ». *Cf.* GV, p. 207. D'un point de vue seulement formel, et non pas certes de contenu, cette insistance sur la théâtralité et sur l'expressivité non verbale de l'*exomologesis* trouvera un parallèle dans l'étude foucaldienne du cynisme ancien, dont la spécificité réside précisément en ce que la *parrêsia*, le dire vrai, ne consiste pas, pour le cynique, seulement ou même avant tout en une pratique verbale, mais en une forme de l'existence qui rend visible, « dans les gestes, dans les corps, dans la manière de s'habiller, dans la manière de se conduire et de vivre, la vérité elle-même ». *Cf.* CV, p. 159.

20. Tertullien, *La pénitence*, X, dans *Œuvres de Tertullien*, t. II, *op. cit.*, p. 212 : « La plupart, cependant, reculent devant la pénitence, comme devant une déclaration qui les affiche en public (*ut publicationem sui*), ou bien la remettent de jour en jour… »

21. Le modèle du martyre joue aussi un rôle important dans la réflexion sur la *parrêsia* et le cynisme ancien que Foucault développe dans son dernier cours au Collège de France. En particulier, dans la leçon du 29 février 1984, il suggère que l'expression « *marturôn tês alêtheias* » (être le témoin de la vérité), utilisée par Grégoire de Nazianze dans sa vingt-cinquième homélie, pourrait caractériser ce qu'a été le cynisme pendant toute l'Antiquité et, d'ailleurs, ce qu'il sera tout au long de l'histoire de l'Occident. *Cf.* CV, p. 160.

22. Saint Ambroise, *La Pénitence*, X, trad. fr. R. Gryson, « Sources chrétiennes », Paris, Éditions du Cerf, 1971, p. 193. Pour illustrer la rupture que représente la conversion, saint Ambroise raconte l'histoire d'un jeune homme qui, rencontrant une jeune fille qu'il avait aimé autrefois mais avait cessé d'aimer, ne lui adresse pas la parole. Celle-ci, croyant qu'il ne l'a pas reconnue, lui dit : « C'est moi » ; et il lui répond : « Mais moi, je ne suis plus moi (*ego non sum ego*). »

23. Il s'agit de ce que, à la fin de la leçon du 5 mars 1980 du cours *Du gouvernement des vivants*, Foucault appelle le « paradoxe de l'humilité chrétienne », qui « affirme une vérité et qui, en même temps, l'efface, qui qualifie le chrétien comme pécheur et, en même temps, le qualifie comme n'étant plus pécheur » (parce que « je suis d'autant moins pécheur que j'affirme que je suis pécheur »). *Cf.* GV, p. 209. Voir également M. Foucault, « Les techniques de soi », conférences cit., p. 1626. Ce paradoxe dérive du fait que, à travers l'*exomologesis*, « on veut mourir à la mort » : la mort que l'on manifeste en jeûnant, en renonçant à tout, etc., « c'est à la fois la mort que l'on est et que l'on représente parce que l'on a péché, mais c'est aussi la mort que l'on veut par rapport au monde ». Ainsi, en montrant qu'on est mort et, en même temps, que l'on meurt à la mort, d'une part on fait émerger la vérité de soi-même en tant que pécheur, et d'autre part on efface la mort en devenant capable de renaître. *Cf.* GV, p. 208.

24. Foucault traite déjà de la direction chrétienne de conscience, en l'opposant à la direction antique, dans le cadre de son étude du pouvoir pastoral. *Cf.* STP, p. 184-186. Il revient en détail sur cette forme d'aveu, et ses différences par rapport à l'*exomologesis* et à la direction païenne de conscience, dans les leçons du 12, 19 et 26 mars 1980 du cours *Du gouvernement des vivants* (GV, p. 219-307), les leçons du 6 et 13 mai 1981 du cours *Mal faire, dire vrai* (MFDV, p. 123-170), ainsi que dans « Les techniques de soi » (conférences cit., p. 1627-1632).

25. Sur le problème des relaps ou, plus correctement, des *lapsi*, c'est-à-dire « ceux qui avaient "failli" au moment de la persécution et qui, regrettant leur geste, souhaitaient être réintégrés dans l'Église », *cf.* M. Senellart, dans

GV, p. 187, n. 34, qui renvoie à *Mal faire, dire vrai* (MFDV, p. 102, 109) et à *Sécurité, territoire, population* (STP, p. 172-173).

26. La notion de *metanoia*, ici seulement évoquée, fait l'objet d'une série d'analyses très détaillées que Foucault développe dans les cours au Collège de France de 1979-1980 et de 1981-1982. Dans la leçon du 13 février 1980 du cours *Du gouvernement des vivants*, il parle de la *metanoia* à propos du *De baptismo* de Tertullien et de la « discipline de la pénitence », où cette notion – qui indiquait traditionnellement le mouvement *unique* par lequel l'âme se détourne des apparences et du monde, et en même temps se tourne vers la lumière et la vérité – « se diffracte », se dissocie en deux moments, « un moment qui est l'exercice même de la pénitence, puis, ensuite, l'illumination qui la récompense ». C'est ainsi que, comme Foucault l'explique aussi dans les leçons suivantes, le christianisme a pu élaborer l'idée que la vie toute entière doit être une vie de pénitence et d'ascèse, c'est-à-dire une vie caractérisée par la rupture avec soi-même. En d'autres termes, la *metanoia* devient « une dimension constante de la vie du chrétien », un « état de rupture par lequel on se détache de son passé, de ses fautes et du monde pour se tourner vers la lumière, la vérité et l'autre monde ». *Cf.* GV, p. 125-131, 140-142, 174-175, 222. Pour la caractérisation de l'*exomologesis* comme « extériorisation de la *metanoia* », *cf.* GV, p. 204-205. Dans la leçon du 10 février 1982 du cours *L'herméneutique du sujet*, en s'appuyant explicitement sur l'article de Pierre Hadot « Épistrophè et metanoia » (1953), mais en en modifiant la thèse centrale, Foucault établit et développe longuement la distinction entre trois formes de « conversion » : l'*epistrophê* platonicienne, la conversion hellénistique et romaine, et la *metanoia* chrétienne. *Cf.* HS, p. 201-209. Pour plus de précisions sur ces thèmes, voir également M. Senellart, dans GV, p. 136, n. 36 et F. Gros, dans HS, p. 216, n. 11 et p. 218, n. 40.

27. Saint Jean Chrysostome, *Homélie XLII.* « *Qu'il est dangereux pour l'orateur et pour l'auditeur de parler pour plaire, qu'il est de la plus grande utilité comme de la plus rigoureuse justice d'accuser ses péchés* », dans *Œuvres complètes*, t. III, trad. fr. sous la dir. de J.-B. Jeannin, Bar-le-Duc, L. Guérin & Cie, 1864, p. 401 : « Dès que nous sommes levés, avant de paraître dans la place publique, de nous occuper d'aucune affaire, nous faisons venir notre serviteur, nous lui demandons compte des dépenses qui ont été faites, afin de savoir ce qui a été dépensé bien ou mal à propos, et quelle somme nous reste. S'il nous reste peu de chose, nous cherchons dans notre esprit de nouvelles ressources pour ne pas nous trouver exposés à périr de faim. Nous devons procéder de même pour la conduite de notre vie.

Appelons notre conscience, faisons-lui rendre compte des actions, des paroles, des pensées. Examinons ce qui est à notre avantage ou à notre préjudice ; ce que nous avons dit de mal, les propos médisants, bouffons, outrageants, que nous nous sommes permis ; quelle pensée nous a fait jeter des regards trop libres ; quel dessein nous avons exécuté à notre préjudice, soit de la main, soit de la langue, soit même des yeux. Cessons de dépenser mal à propos, et tâchons de mettre des fonds utiles à la place de dépenses nuisibles, des prières à la place de paroles indiscrètes, le jeûne et l'aumône à la place de regards trop libres. Si nous dépensons mal à propos, sans rien mettre à la place, sans amasser pour le ciel, nous tomberons insensiblement dans une extrême indigence, et nous serons livrés à des supplices aussi insupportables par leur durée que par leur intensité. C'est le matin que nous nous faisons rendre compte de nos dépenses pécuniaires ; c'est le soir, après notre repas, lorsque nous sommes couchés, et que personne ne nous trouble et ne nous inquiète, c'est alors qu'il faut nous demander compte à nous-mêmes de notre conduite, de ce que nous avons fait et dit pendant le jour ; et si nous trouvons quelque chose de mal, il faut juger et punir notre conscience, attrister notre cœur coupable, le reprendre avec une telle force, que, sensible à nos réprimandes, il s'en ressouvienne le lendemain, et n'ose plus nous précipiter dans le même abîme de péché. »

28. Voir par exemple saint Basile, *Exhortatio de renuntiatione saeculi*, 4, dans *Patrologia Graeca*, 31, 633B : « Tout acte fait sans l'ordre ou la permission du supérieur est un vol ou un sacrilège qui mène à la mort, et non pas au profit, même s'il te paraît bon » (cité par I. Hausherr, *Direction spirituelle en Orient autrefois*, Rome, Pont. Institutum Orientalium Studiorum, 1955, p. 190-191).

29. Dans la leçon du 19 mars 1980 du cours *Du gouvernement des vivants*, Foucault parle des « deux obligations fondamentales » qui constituent le propre de la direction chrétienne de conscience au sein des institutions monastiques : « obéir en tout et puis ne rien cacher » ou, en d'autres termes, « ne rien vouloir par soi-même » et « tout dire de soi-même ». Ensuite, il développe en détail ce « principe d'obéissance », en l'opposant à l'idée et à la pratique de la direction antique : dans la direction chrétienne, si l'on doit obéir, ce n'est pas en vue d'un objectif « extérieur » (la tranquillité de l'âme, le bonheur, la sagesse, etc.), mais pour produire un « état d'obéissance » permanent et définitif. Ici, donc, « l'obéissance produit l'obéissance », c'est-à-dire que l'obéissance – qui est à la fois soumission (« je veux ce que veut l'autre »), *patientia* (« je veux ne pas vouloir autre chose que l'autre ») et humilité (« je ne veux pas vouloir ») – est la condition et, en même temps, le

but de la direction. *Cf.* GV, p. 260-269. Pour un développement analogue, voir également MFDV, p. 127-138. Foucault, d'ailleurs, avait déjà décrit cette « instance de l'obéissance pure » à l'occasion de son étude du pastorat chrétien. *Cf.* STP, p. 177-182 et « "Omnes et singulatim" : vers une critique de la raison politique », dans DE II, n° 291, p. 964-965.

30. Cette anecdote au sujet du moine Dosithée, qui attend pour mourir de recevoir l'autorisation de son maître, est en réalité racontée par Dorothée de Gaza dans la *Vie de saint Dosithée*, 10, dans *Œuvres spirituelles*, trad. fr. L. Regnault et J. de Préville, « Sources chrétiennes », Paris, Éditions du Cerf, 1963, p. 139.

31. Sur ce principe de contemplation, *cf.* GV, p. 293 et MFDV, p. 144-145. Voir également M. Foucault, « Les techniques de soi », conférences cit., p. 1628.

32. Jean Cassien, *Institutions cénobitiques*, trad. fr. J.-C. Guy, « Sources chrétiennes », Paris, Éditions du Cerf, 1965, et *Conférences*, trad. fr. E. Pichery, « Sources chrétiennes », Paris, Éditions du Cerf, 1955-1959.

33. Foucault, en dehors des textes déjà cités, traite aussi de l'examen de soi décrit par Cassien dans « Le combat de la chasteté » (dans DE II, n° 312, p. 1114-1127), où il analyse le témoignage de Cassien sur les pratiques de la vie monastique afin d'étudier l'herméneutique chrétienne du sujet du point de vue de l'émergence de la question de la « chair ». Cette question, d'ailleurs, devait constituer le thème du quatrième volume de l'*Histoire de la sexualité*, *Les Aveux de la chair*. Foucault se réfère aussi à Cassien dans la leçon du 24 février 1982 du cours *L'herméneutique du sujet* et dans un court passage du séminaire de 1983 sur la *parrêsia* qu'il donne à l'Université de Californie à Berkeley, où il indique les différences entre l'examen de soi chrétien et l'exercice stoïcien de l'examen des représentations tel qu'Épictète et Marc Aurèle le décrivent. *Cf.* HS, p. 286-288 et *Fearless Speech*, *op. cit.*, p. 160-162.

34. Pour plus de précisions sur ce terme, *cf.* M. Senellart, dans GV, p. 310, n. 32, ainsi que F. Brion et B. Harcourt, dans MFDV, p. 190, n. 1.

35. Jean Cassien, *Première conférence de l'abbé Serenus. De la mobilité de l'âme et des esprits du mal*, IV, dans *Conférences*, t. I, *op. cit.*, p. 248.

36. Jean Cassien, *Première conférence de l'abbé Moïse. Du but et de la fin du moine*, XVIII, dans *Conférences*, t. I, *op. cit.*, p. 99.

37. Jean Cassien, *Première conférence de l'abbé Serenus*, V, *op. cit.*, p. 249-250.

38. Jean Cassien, *Première conférence de l'abbé Moïse*, XX-XXII, *op. cit.*, p. 101-107.

39. Cette référence à Freud se trouve aussi dans le cours au Collège de France de 1979-1980 et dans le cours de Louvain, mais avec des différences significatives. Dans la leçon du 12 mars 1980 du cours *Du gouvernement des vivants*, Foucault rapproche la conception freudienne de la censure de la pratique de l'examen de conscience telle que Sénèque la décrit dans le *De ira*, en particulier pour ce qui est de son aspect « préparatoire » à un bon sommeil. *Cf.* GV, p. 237. En revanche, de manière analogue à ce que Foucault fait ici, au début de la leçon du 13 mai 1981 du cours *Mal faire, dire vrai*, l'image de la censure freudienne est évoquée à propos des textes de Cassien. Plus loin dans la même leçon, Foucault parle à nouveau de Freud, mais cette fois-ci en soulevant le problème de l'inconscient et de l'élaboration d'« une herméneutique de soi qui va disposer de techniques interprétatives ». Enfin, pendant la leçon du 20 mai 1981, Foucault revient sur l'herméneutique chrétienne du sujet et affirme : « À travers toute une série de travaux où, bien entendu, Freud et la psychanalyse occupent une place centrale, l'herméneutique du sujet s'est ouverte à la fin du XIXe siècle sur une méthode de déchiffrement fort éloignée de cette pratique de l'examen permanent et de la verbalisation exhaustive dont je vous parlais à propos de la chrétienté ancienne. Une herméneutique du sujet s'ouvre, lestée ou chargée, ayant pour instrument et pour méthode des principes de déchiffrement qui sont beaucoup plus proches des principes d'analyse d'un texte. » *Cf.* MFDV, p. 162, 168-169 et 224. Foucault avait déjà abordé le problème de l'herméneutique chez Freud dans une intervention à un colloque de 1964, publiée trois ans plus tard sous le titre « Nietzsche, Freud, Marx », dans DE I, n° 46, p. 592-607.

40. Foucault donne plus de précisions sur ce terme dans la leçon du 26 mars 1980 du cours *Du gouvernement des vivants*. *Cf.* GV, p. 285-301.

41. L'étude de cette verbalisation qui possède en soi une vertu interprétative est développée par Foucault dans la dernière leçon du cours au Collège de France de 1979-1980, ainsi que dans la leçon du 6 mai 1981 du cours de Louvain. *Cf.* GV, p. 299-303 et MFDV, p. 138, 148-149. Foucault, d'ailleurs, avait déjà évoqué le problème de cette verbalisation permanente et exhaustive dans le premier volume de l'*Histoire de la sexualité*, en parlant d'un projet de « mise en discours » du sexe qui s'est formé dans une tradition ascétique et monastique, et dont le XVIIe siècle a fait une règle pour tous. *Cf.* VS, p. 29. Comme il l'explique de façon très claire en mai 1982, lors d'une conférence prononcée à l'université de Grenoble : « [Dans l'*exagoreusis* on a une] obligation très singulière, qu'on ne retrouvera pas par la suite parce que, après tout, l'aveu des péchés n'est pas l'obligation de tout dire ; l'aveu des péchés, c'est l'obligation de dire les fautes qu'on a faites, bien sûr, ce n'est

pas l'obligation de tout dire, de livrer sa pensée à quelqu'un d'autre. L'obligation de tout dire est tout à fait singulière dans la spiritualité chrétienne du IVᵉ-Vᵉ siècle. On va d'ailleurs la retrouver ensuite ; elle aura malgré tout une longue histoire parallèle et un peu souterraine par rapport au grand rituel de la pénitence, mais on la retrouve évidemment dans la direction de conscience telle qu'elle se développe, telle qu'elle a fleuri aux XVIᵉ et XVIIᵉ siècles.» *Cf.* M. Foucault, « La Parrêsia », conférence cit., p. 159.

42. Sur la constitution de ce «champ» nouveau, voir également M. Foucault, « Le combat de la chasteté », art. cit., p. 1125-1126.

43. Jean Cassien, *Seconde conférence de l'abbé Moïse. De la discrétion*, XI, dans *Conférences*, t. I, *op. cit.*, p. 121-123.

44. Foucault développe le thème de l'«Autre en nous-mêmes» dans les leçons du 13 et 20 février 1980 du cours *Du gouvernement des vivants*, en particulier à propos de Tertullien et de la préparation au baptême. *Cf.* GV, p. 121-122, 128, 153-158.

45. Jean Cassien, *Seconde conférence de l'abbé Moïse*, X, *op. cit.*, p. 120-121.

46. Dans les leçons du 3 et 10 mars 1982 du cours *L'herméneutique du sujet*, en évoquant à nouveau le «développement extraordinairement complexe, extraordinairement compliqué et extrêmement important de l'art de parler» dans la spiritualité chrétienne, Foucault souligne une inversion essentielle que le christianisme a produit dans l'histoire des obligations de «dire vrai» : «La [psychagogie] gréco-romaine était encore toute proche de la pédagogie. Elle obéissait à cette même structure générale qui est que c'est le maître qui tient le discours de vérité. Le christianisme, lui, va décrocher psychagogie et pédagogie en demandant à l'âme qui est psychagogisée, l'âme qui est conduite, de dire une vérité ; vérité que seule elle peut dire, que seule elle détient et qui est non pas le seul, mais un des éléments fondamentaux de cette opération par laquelle son mode d'être va être changé. Et c'est en cela que consistera l'aveu chrétien.» *Cf.* HS, p. 345-347, 390-391. Sur cette «inversion de charge», voir également MFDV, p. 138-139; «La Parrêsia», conférence cit., p. 159-160, 183; GSA, p. 47.

47. Pour plus de précisions sur ce terme, *cf.* M. Senellart, dans GV, p. 311-312, n. 53.

48. À la fin de son cours au Collège de France de 1979-1980, Foucault affirme que « ce lien entre production de vérité et renonciation à soi me paraît être ce qu'on pourrait appeler le schéma de la subjectivité chrétienne, disons plus exactement le schéma de la subjectivation chrétienne, une procédure de subjectivation qui s'est historiquement formée et développée dans le christianisme et qui se caractérise d'une manière paradoxale par le lien obligatoire

entre mortification de soi et production de la vérité de soi-même ». *Cf.* GV, p. 303. Dans la première leçon du cours au Collège de France de 1981-1982, Foucault parle d'une série de « paradoxes de l'histoire de la morale » qui, à son avis, ont contribué à disqualifier le principe du souci de soi-même après l'Antiquité, mais il ne se réfère pas explicitement au christianisme (*cf.* HS, p. 14-15). Cependant, deux ans plus tard, il semble suggérer qu'il serait possible d'« ajouter » à cette série le « paradoxe du souci de soi dans le christianisme », c'est-à-dire précisément le fait que, dans le christianisme, chercher son salut signifie bien sûr se soucier de soi, mais que ce souci doit prendre la forme de la renonciation à soi. D'après Foucault, ce paradoxe chrétien a sans doute contribué à transformer le souci de soi, dans nos sociétés, en quelque chose de suspect, « volontiers dénoncé comme étant une forme d'amour de soi, une forme d'égoïsme ou d'intérêt individuel en contradiction avec l'intérêt qu'il faut porter aux autres ou avec le sacrifice de soi qui est nécessaire ». *Cf.* M. Foucault, « L'éthique du souci de soi comme pratique de la liberté », entretien cit., p. 1531, 1536.

49. En concluant son séminaire à l'université du Vermont, en 1982, Foucault souligne de façon analogue que, à partir du XVIIIe siècle, « les "sciences humaines" ont réinséré les techniques de verbalisation dans un contexte différent, faisant d'elles non pas l'instrument du renoncement du sujet à lui-même, mais l'instrument positif de la constitution d'un nouveau sujet ». *Cf.* M. Foucault, « Les techniques de soi », conférences cit., p. 1632.

50. Au cours d'une conversation avec Hubert Dreyfus qui eut lieu à Berkeley le 24 octobre 1980, Foucault affirme : « Mon problème est que l'on a, dans la philosophie occidentale, ou au moins dans la philosophie française, [...] une tradition dans laquelle une philosophie du sujet s'interprétant lui-même, s'interrogeant lui-même, prétend découvrir une philosophie objective de l'être humain (qui peut être un humanisme, qui peut être une anthro-pologie, etc.). Ce mouvement de l'anthropologie, de l'anthropologisme, ou de l'humanisme, ce renversement, cette tendance perpétuelle et que j'appel-lerais herméneutique, consiste à découvrir, à chercher, à partir de soi et à partir de son expérience en tant qu'elle est une expérience subjective, quelque chose qui peut valoir universellement comme connaissance objec-tive de l'être humain. C'est ça que je veux critiquer. » Et il poursuit en expli-quant que, « d'un point de vue méthodologique, la seule manière de ne pas se donner, au départ, une essence humaine que l'on retrouverait, ou que l'on définirait de telle manière qu'on ne puisse pas la retrouver, c'est d'analyser en première instance, à partir des pratiques, des pratiques dans leur historicité, [ce] qu'on a fait. Et, avec ça, d'une part on évite, bien sûr, de

se donner une nature humaine, une essence humaine au départ qui serait telle ou telle, ou on évite encore de dire, ce qui était la thèse existentialiste, "l'essence humaine est telle qu'il ne peut pas y en avoir connaissance". C'était une certaine manière, malgré tout, de se donner une nature humaine – c'est un anthropologisme négatif. Si l'on veut aussi bien éviter l'anthropologie positive que l'anthropologie négative, je crois que la méthode d'analyse historique des pratiques est le point de départ nécessaire». *Cf.* M. Foucault, *Discussion about books*, inédit, IMEC/Fonds Michel Foucault, C 18(1).

51. Cette expression pourrait faire songer à ce que Foucault dit le 17 février 1982, dans le cadre de son cours *L'herméneutique du sujet*: « [P]eut-être dans cette série d'entreprises pour reconstituer une éthique du soi, dans cette série d'efforts, plus ou moins arrêtés, figés sur eux-mêmes, et dans ce mouvement qui nous fait maintenant à la fois nous référer sans cesse à cette éthique du soi, sans jamais lui donner aucun contenu, je pense qu'il y a à soupçonner quelque chose qui serait une impossibilité à constituer aujourd'hui une éthique du soi, alors que c'est peut-être une tâche urgente, fondamentale, politiquement indispensable, que de constituer une éthique du soi, s'il est vrai après tout qu'il n'y a pas d'autre point, premier et ultime, de résistance au pouvoir politique que dans le rapport de soi à soi. » *Cf.* HS, p. 241. Mais il serait également possible de l'interpréter à la lumière des textes sur Kant et l'*Aufklärung*, où Foucault développe l'idée d'une « critique » dans la forme d'une « ontologie de nous-mêmes », qui est en même temps une « ontologie de l'actualité » et assume donc une claire valeur « politique ». *Cf.* GSA, p. 22; « What is Enlightenment? » et « Qu'est-ce que les Lumières? », dans DE II, n° 339 et 351, p. 1393 et 1506-1507. En tout cas, ce qu'il faut souligner, c'est le lien entre travail politique et enquête historique : comme Foucault l'affirme dans un entretien de 1981, il s'agit toujours « de rendre les choses plus fragiles par [l']analyse historique ou plutôt, de montrer à la fois pourquoi et comment les choses ont pu se constituer ainsi, mais [de] montrer en même temps qu'elles se sont constituées à travers une histoire précise. […] Notre rapport à la folie, c'est un rapport qui est historiquement constitué. Et du moment qu'il est historiquement constitué, il peut être politiquement détruit. Je dis "politiquement" en donnant au mot "politique" un sens très large : en tout cas, il y a des possibilités d'action, puisque c'est à travers un certain nombre d'actions, de réactions, à travers un certain nombre de luttes, de conflits, pour répondre à un certain nombre de problèmes, qu'on a choisi ces solutions-là ». *Cf.* M. Foucault, « Entretien de Michel Foucault avec André Berten », dans MFDV, p. 243.

DÉBAT SUR « VÉRITÉ ET SUBJECTIVITÉ »
23 octobre 1980

Question : Comment les *Confessions* de saint Augustin s'intègrent-elles dans votre schéma ? S'agit-il d'un troisième type d'aveu ?

Michel Foucault : Oui, vous avez parfaitement raison. J'avais préparé un assez long développement sur saint Augustin, mais, bien sûr, je n'ai pas eu le temps de le prononcer[1]. Voyez-vous, si j'ai insisté sur ce que les Pères grecs appelaient *exomologesis* et *exagoreusis* plutôt que sur saint Augustin, la raison en est que l'*exomologesis* et l'*exagoreusis* étaient un mode d'aveu institutionnalisé et qu'elles avaient tous les caractères d'institutions : elles étaient pour les gens des contraintes et elles ont eu, comme toutes les institutions, une évolution à travers l'histoire de l'Église et à travers l'histoire du christianisme. La confession médiévale des péchés est comme un étrange mélange d'*exagoreusis* et d'*exomologesis* ; c'est pour cette raison que j'ai d'abord insisté sur ces deux sujets. J'avais l'intention de parler de saint Augustin, et je dois dire à son propos qu'on trouve dans les *Confessions* l'aspect qui correspond à ce que les Pères grecs appelaient *exomologesis* : saint Augustin voulait se montrer lui-même en tant que pécheur, ou montrer à quel point il avait été pécheur dans sa jeunesse, etc. ; et je crois que cette manifestation publique de son propre état de pécheur est quelque chose de très important dans la rédaction des

Confessions. Il y a bien sûr aussi un aspect de l'*exagoreusis*, puisqu'il voulait examiner en profondeur ce qui s'était passé en lui, dans sa manière de penser, de vivre, etc., etc. Mais il y a évidemment deux différences importantes. La première est bien sûr que c'était un livre qui avait été écrit pour ses amis. Saint Augustin appartenait à un cercle d'intellectuels chrétiens, il a vécu avec eux à Milan et il avait aussi un cercle d'amis à Hippone où il écrivit les *Confessions* ; et ce livre était comme une explication pour ses amis de sa façon personnelle de réaliser la *metanoia*. Cela ressemble à ce qui se passait dans certaines écoles philosophiques de la Grèce classique, par exemple chez les épicuriens. Cette façon de dire aux amis ce qui s'est passé en vous, ce qu'était votre vie, etc., c'était quelque chose de traditionnel dans les écoles philosophiques[2]. Et le second point est qu'il y a une très grande différence entre l'examen des pensées dans la tradition évagrienne que représente Cassien et l'objet des *Confessions* de saint Augustin. Saint Augustin ne s'intéresse pas aux pensées, aux *logismoi*, aux *cogitationes*, il s'intéresse aux *cordis affectus*, non pas aux mouvements de la pensée, mais aux mouvements du cœur[3] ; et c'est, je crois, quelque chose de très différent. Je crois qu'il y a eu une tradition littéraire et philosophique dans le christianisme, bien sûr très importante, mais elle n'a jamais été institutionnalisée, du moins avant la Contre-Réforme. Et le retour à saint Augustin dans le catholicisme occidental au début du XVIIe siècle montre bien l'importance des *cordis affectus*. Mais c'est, je crois, une autre histoire.

Question : Diriez-vous de saint Augustin qu'il est une sorte de cas hybride entre la tradition philosophique et la tradition des Pères de l'Église ?

Michel Foucault : Oui. Et, bien sûr, l'importance théorique et pratique de la doctrine de saint Augustin dans le christianisme est considérable, immense, mais l'influence des *Confessions* en tant que telles, du livre lui-même, s'est limitée, je crois, à une tradition théorique et littéraire et elle n'a pas eu beaucoup d'impact sur les institutions, sur les pratiques, sur cette technologie de soi. Je crois qu'elle a eu assez peu d'importance jusqu'au XVIIe siècle; et alors, au XVIIe siècle, elle a pris une très, très grande importance.

Question : Vous semblez toujours parler de la tradition catholique. Mais quel est, à votre avis, le lien entre saint Augustin et la tradition luthérienne? Y a-t-il aussi un volet protestant de l'aveu et de l'examen de soi?

Michel Foucault : Je dois dire de façon très schématique que, d'abord, l'un des principaux problèmes de la Réforme, et de la Réforme luthérienne, était le rapport entre la relation à la vérité et la relation à soi-même. Est-ce la même chose qu'accéder à la lumière et explorer les profondeurs de l'âme? Pour la tradition catholique, ce sont deux choses très différentes, et presque sans relation. Eh bien, le problème de Luther était de découvrir, ou de redécouvrir, les relations qui ont été réellement définies dans le christianisme primitif entre ces deux modes d'illumination, l'illumination de soi-même et l'illumination par la lumière divine. Le problème de la lecture du Livre, de l'expérience, et de l'expérience religieuse en tant que principal critère de la vérité, est un exemple de ces nouvelles relations, ou de ces relations renouvelées, entre ces deux modes d'illumination[4]. Et je crois qu'il y a aussi quelque chose de très important chez Luther, c'est qu'il voulait se débarrasser de la tradition juridique établie dans l'Église catholique et dans l'expérience catholique depuis le XIIIe siècle[5]. Parce que je crois qu'à toutes les structures de l'expérience religieuse depuis le XIIIe siècle dans le catholicisme occidental, ou dans le christianisme occidental, s'est superposée une forme juridique qui était une forme politique. Et, par exemple, la confession des péchés est un mélange de l'*exomologesis*[6] traditionnelle qui se maintient comme rite pénitentiel jusqu'au

XVIᵉ siècle, mais dans une très faible proportion, avec un tout petit rôle ; de l'*exagoreusis* qui était une institution monastique ; et de quelque chose d'autre qui était les nouvelles structures juridiques, les nouvelles procédures juridiques, avec l'aveu du crime comme pièce maîtresse de cette structure[7]. La confession des péchés était le mélange de ces trois éléments ; et l'Inquisition catholique, l'Inquisition chrétienne se situe au croisement de ces procédures. Luther, bien sûr, voulait se débarrasser de tout cela. Et l'idée que les relations entre l'homme et Dieu sont de nature juridique était, je crois, le grand *adversaire*[8] de Luther, et il voulait s'en débarrasser. Je crois donc que ces deux points peuvent expliquer la place de Luther dans cette histoire.

Question : Quel lien établissez-vous entre l'aveu et l'herméneutique de soi dans les institutions monastiques et le refoulement freudien ?

Michel Foucault : Les relations entre ces institutions monastiques et la pratique freudienne ? Vous voudriez que je vous en parle ? J'aimerais bien, mais je ne suis pas sûr d'en être capable… Parce que, voyez-vous, je n'aime vraiment pas l'histoire rétrospective ; ou du moins, ce n'est pas mon jeu de dire à propos de quelque chose : « Ah, voyez-vous, saint Jérôme ou saint Jean Chrysostome ont dit cela, et vous trouvez la même chose chez Freud ou Jung ou Lacan, etc. » Ce n'est pas mon jeu, ce genre de chose ne m'intéresse vraiment pas. Mais quand j'ai lu Cassien, il y a deux ou trois ans, j'ai vraiment été étonné par différents points. Premièrement, les techniques d'examen de soi de Cassien dans la tradition évagrienne étaient très élaborées, très complexes et très sophistiquées. Deuxièmement, je crois qu'on ne peut pas éluder le fait que la description de ce que le moine doit faire avec ses propres pensées est la même chose, que la censure freudienne est la même chose à l'envers. La description que Freud donne de la censure est presque mot pour mot la description de Cassien dans la métaphore du changeur d'argent. Que faire de cela? Pouvons-nous dire que c'est une coïncidence historique, ou une coïncidence métahistorique? Peut-être. Il y a une autre explication, une explication historique qui dit : « Eh bien, voyez-vous, ces technologies chrétiennes de méditation, d'examen de soi, d'aveu, etc., étaient si fortes, si profondes, si profondément implantées dans la vie, la conscience et les pratiques de chacun dans la civilisation occidentale, qu'on peut en trouver des traces ou des esquisses dans la psychiatrie, la psychiatrie classique du xixe siècle, et c'est dans cette psychiatrie que Freud les a trouvées et qu'il a redécouvert les techniques spirituelles chrétiennes. » Mais cette explication ne me satisfait pas, car il est très difficile de trouver dans les techniques psychiatriques du xixe siècle quelque chose qui soit en rapport avec les techniques spirituelles. Bien sûr, j'ai cité l'anecdote de Leuret dans ma première conférence, Leuret qui voulait contraindre son patient à avouer qu'il était fou. Mais on ne peut pas dire que ce soient exactement les techniques chrétiennes de l'*exagoreusis*, etc. Ainsi, pourquoi et comment Freud a-t-il redécouvert cela? Je n'en sais rien. Doit-on regarder du côté de la tradition hébraïque? Je ne le crois pas, car je suis presque sûr qu'il n'y a rien de tel que l'*exagoreusis* ou l'*exomologesis* dans la tradition hébraïque. C'est donc un problème, et je n'ai pas à ce jour de réponse. Mais peut-être n'ai-je pas de réponse parce que c'est une illusion, et peut-être n'y a-t-il pas d'analogie, de ressemblance, entre Cassien et Freud. Mais j'en doute... C'est donc actuellement pour moi un problème à ce jour sans réponse.

Question : Vous parlez dans *Surveiller et punir* du passage du jugement qui s'appuie sur la torture au jugement qui prend en compte les émotions et les pulsions des individus[9]. Cela a-t-il un rapport avec le passage de la pénitence à l'aveu?

Michel Foucault : Oui, voyez-vous, je le crois. Je crois que les sociétés occidentales ont connu un âge – comment dire? – un âge judiciaire, une période judiciaire, qui a commencé à partir du XIIe ou du XIIIe siècle et qui a duré jusqu'au début du XIXe siècle, avec les grandes constitutions politiques, les grands codes civils et pénaux du XIXe siècle, et que ces structures juridiques sont maintenant en train de décliner et de disparaître. Du XIIIe au début du XIXe siècle, toutes les sociétés occidentales ont espéré, rêvé qu'il serait possible de gouverner les gens au moyen de lois, de tribunaux, d'institutions juridiques. Et l'idée de rédiger des constitutions avec les droits de l'homme, etc., etc., le projet de rédiger des codes qui seraient universels pour l'humanité ou, au moins, universels dans le cadre de la nation, c'était le rêve d'un mode juridique de gouvernement. La coïncidence entre art de gouverner et structures juridiques a été, je crois, une des grandes tendances de cette longue période – XIIIe-XIXe siècle. Et maintenant, nous savons – nous savons? –, on nous a dit qu'il n'est plus possible de gouverner les gens avec des structures juridiques. Le phénomène totalitaire est la première et la plus dangereuse conséquence de cette découverte que les structures juridiques ne suffisent pas pour gouverner les gens. Je ne sais pas si cela répond à votre question.

Question : S'il en est ainsi, ne devrait-on pas, pour combattre le phénomène totalitaire, remonter en arrière et faire revivre dans une certaine mesure les structures juridiques, mais sans l'aveu ou l'herméneutique de soi?

Michel Foucault : Oui, mais voyez-vous, je crois que c'est aujourd'hui l'un de nos principaux problèmes, de nos problèmes politiques. Quand on affronte le phénomène totalitaire, d'abord, tout le monde peut s'accorder sur le fait que le recours à un code, à un système légal, la référence aux droits de l'homme, est quelque chose de très important. Mais [ensuite] je crois que beaucoup de gens seraient d'accord pour dire que c'est à présent – comment dire? – un recours tactique; c'est peut-être utile, c'est peut-être actuellement possible, mais je ne crois pas qu'un retour à une structure juridique de gouvernement serait à présent la solution de nos problèmes. Mais, que l'on prenne les grands problèmes de la constitution – qu'est-ce que l'État ? – ou des problèmes moins importants comme, par exemple, les institutions pénales ou l'usage de la médecine, de la psychiatrie, à l'intérieur de l'institution juridique, c'est un fait que partout on verra que gouverner les gens ne peut pas se faire seulement avec un code juridique, des structures juridiques. En réalité, on utilise toujours quelque chose d'autre, et bien plus que des structures juridiques[10]. Par exemple, les institutions pénales, c'est très clair, sont supposées n'être rien d'autre, et le rêve du XVIIIe siècle, c'était de produire, de constituer des institutions pénales, un code pénal, qui ne devraient être que la loi et l'application de la loi. Et dès qu'on voit ce rêve confronté à la réalité, on constate, bien sûr, que les systèmes pénaux fonctionnaient, depuis le début du XIXe siècle jusqu'à maintenant, avec beaucoup, beaucoup de choses différentes de la loi, du système légal, etc. Et l'introduction, l'insertion de la psychiatrie, de la psychologie, des sciences humaines, de la sociologie, etc., dans l'institution pénale sont les signes, les témoins de ce fait[11].

Question : Le simple recours tactique aux structures juridiques ne nous conduit-il pas à aller au-delà et à devoir séparer ce qui est d'ordre juridique et ce qui est d'ordre disciplinaire ?

Michel Foucault : Je suis d'accord avec votre façon de poser le problème et je dois d'abord reconnaître que je ne sais pas. Je dois avouer aussi qu'il y a quelques années, par exemple au début des années soixante-dix, je pensais qu'il était possible de poser, de mettre en lumière le problème, le problème véritable, concret, réel, et qu'alors un mouvement politique pourrait venir s'en emparer, et, à partir des données de ce problème, travailler à quelque chose d'autre. Mais je crois que je m'étais trompé. Et si je suis un peu déçu aujourd'hui, c'est parce que je crois que, pas tout le monde [sans doute], mais plusieurs personnes ont été convaincues de l'existence du problème, même si elles ne sont pas d'accord entre elles, mais que personne ne sait comment y arriver, et le mouvement politique, le mouvement politique spontané, dans lequel j'avais très naïvement mis mon *espérance*[12], mon espoir, eh bien, il n'est pas arrivé[13]. Mais c'est ma naïveté.

Question : Vous auriez dit qu'on n'a pas le droit de punir le viol, parce que la sexualité est une affaire privée. Qu'en est-il ?

Michel Foucault : Bonne question. Je crois que je sais à quelle revue vous faites allusion quand vous dites cela. Un ami m'a envoyé d'Angleterre une photocopie d'un article publié dans une revue très connue, je crois, qui critiquait très violemment ce que j'avais dit. C'était au cours d'un débat avec David Cooper, le représentant de l'antipsychiatrie, et le débat – c'était un vrai débat, pas un débat fictif – avec Cooper a été publié, je ne sais pas exactement pourquoi[14]. Et bien sûr, ce que j'ai dit là, peut-être ne serais-je pas exactement d'accord avec les termes et les mots que j'ai alors employés, mais peu importe. Voici ce que j'ai dit : d'abord, je crois qu'une bonne hypothèse pour analyser les problèmes, pour analyser les différentes questions au sujet des relations entre la loi et le sexe serait que la loi n'a rien à faire, à voir avec le sexe. Le sexe est quelque chose qui n'a rien à voir avec la loi, et réciproquement. Le fait que la différenciation sexuelle, la préférence sexuelle, l'activité sexuelle, puisse être une affaire de législation, c'est, je crois, quelque chose qu'on ne peut pas admettre. En tout cas, je voulais savoir s'il est possible de mettre ce principe à la base d'un nouveau code pénal. Cette idée-là, je l'ai introduite quand quelqu'un, à un moment de notre débat… je ne sais plus, peu importe. Mais à peine avais-je dit cela, bien sûr, j'étais conscient qu'il y avait un problème, qui était le problème du viol[15]. Il est impossible de dire que le viol n'est pas une agression sexuelle, et je ne crois pas en tout cas qu'il soit possible de dire que le viol peut être condamné en tant qu'agression sans tenir compte du fait qu'il s'agit d'une agression sexuelle. Je crois qu'on ne peut pas faire abstraction de la sexualité dans la définition, la définition juridique du viol ; et alors, au moins dans le cas du viol, on doit introduire la notion de sexualité, et donc le sexe doit être pris en compte dans un système légal. Ce que je voulais dire, c'est qu'il y avait un problème : je crois que la loi n'a rien à voir avec le sexe, mais je crois, d'un autre côté, que le viol doit être condamné et qu'on ne peut pas détacher la sexualité du viol. C'est un problème : comment le résoudre ?

Question : Beaucoup d'agressions s'accompagnent de péripéties d'ordre sexuel. Si l'on adopte votre principe, comment dans ce cas faire la distinction entre ce qui, dans une agression, est d'ordre sexuel et ce qui ne l'est pas, et comment traiter le criminel ?

Michel Foucault : Je comprends. Sur ce point, devrais-je dire, le premier principe que j'ai essayé d'expliquer, je crois qu'on peut s'en servir parce que le fait qu'on puisse découvrir une caractéristique sexuelle dans une conduite criminelle, eh bien, je ne sais pas pourquoi les juges, le tribunal, devraient en tenir compte. Peut-être y a-t-il une motivation sexuelle à quelque chose comme un meurtre ou un vol ou je ne sais quoi. Mais si nous avons un code pénal qui condamne ce type d'acte parce que c'est un meurtre ou parce que c'est un vol, peu importe si la motivation est d'ordre sexuel ou non. Et j'ai remarqué que, au moins dans la pratique judiciaire française, le fait que les avocats, les juges, le procureur trouvent une motivation sexuelle a toujours des consé-quences complètement incontrôlables. Parfois quelqu'un est condamné très sévèrement parce que les juges ont considéré qu'il avait une motivation sexuelle, ou dans d'autres cas, eh bien, [on dira que] c'est seulement un problème de sexe ou c'est sans importance, etc. Voilà, je crois, un des effets pervers de l'introduction du problème de la sexualité dans les institutions pénales. Et contre cette façon d'introduire la sexualité, je crois qu'il faut dire que le sexe n'a rien à faire avec la loi et que la loi n'a rien à faire avec le sexe. Mais je maintiens que le viol est une agression sexuelle et qu'il n'est pas possible d'éviter ce fait, et que nous devons introduire le problème de la sexualité au moins pour le viol. Je ne sais pas si vous êtes d'accord avec ce que je dis. En tout cas, dans cette revue anglaise, on n'a pas compris ce que j'ai dit, parce que ce que j'ai dit n'est pas : le viol doit être considéré comme une agression non sexuelle ; j'ai dit au contraire qu'il faut le considérer comme une agression sexuelle, et c'est en contradiction, je le sais, avec le principe selon lequel la loi n'a rien à faire avec le sexe.

Question : Faut-il considérer nécessairement l'acte sexuel comme une agression ? N'est-il pas plutôt politique ?

Michel Foucault : Bien sûr, tout cela dépend de la définition de la politique… Si on prend la politique dans un sens très large et si on comprend la politique comme le système des relations de pouvoir, dans ce cas, bien sûr, les actes sexuels ont quelque chose à voir avec la politique. Mais je dois dire que l'acte sexuel en ce sens a aussi à voir avec, par exemple, les systèmes sémiotiques et les relations sémiotiques. Tous les systèmes de relations qui sont impliqués dans une relation sexuelle ou dans un acte sexuel doivent être pris en compte quand on examine cet acte. Il y a donc des relations de pouvoir, il y a des relations sémiotiques, et parfois il y a des relations de production.

Question : Jusque là, vous décriviez la généalogie des pratiques et des institutions sociales en termes de microphysique du pouvoir. Il semble que vous décrivez maintenant la généalogie du soi dans des termes différents. Est-ce seulement le sujet que vous traitez qui est nouveau, ou votre approche a-t-elle changé, et en quoi ?

Michel Foucault : Eh bien, peut-être suis-je en partie d'accord, peut-être n'est-ce pas une réponse. Je vous demande de me dire si ce n'est pas une réponse à votre question. Voyez-vous, quand j'ai commencé avec ce problème du pouvoir, je suis sûr que j'ai dit des tas de bêtises à ce sujet, mais je crois aussi que les gens me prêtent beaucoup plus de bizarreries que je n'en ai dites. Bien sûr, le pouvoir n'est pas pour moi – et c'est, je crois, clair – une substance, un fluide, une instance métaphysique ou quelque chose de tel. Je crois que le pouvoir consiste en relations, et en relations de force entre les gens. Mais le second point est que ces relations ne sont pas seulement de pures et simples relations de force : elles sont organisées suivant certains principes et en fonction de certaines techniques, de certains objectifs, de certaines tactiques, etc. Troisième point, ces relations de pouvoir dans une société donnée ne sont pas, pourrait-on dire, réparties de façon homogène ou au hasard, elles sont orientées et elles sont organisées par une sorte de déséquilibre qui donne à certaines personnes la possibilité d'agir sur les autres, et certaines autres n'ont pas la même possibilité que les premières. Cela vient de ce que la position tactique ou stratégique des premières n'est pas la même que celle des autres, et la technique qu'elles utilisent, etc., etc. Ce déséquilibre est ce que je pourrais appeler le « gouvernement ». Il y a des points ou des domaines, des *gradients* [16], des *vecteurs* [17] de gouvernement dans les sociétés. Les femmes sont gouvernées par les hommes, les enfants par les parents, les élèves par les professeurs, etc., etc. Et la nation est gouvernée par le gouvernement. Mais le gouvernement politique n'est qu'une de ces nombreuses instances de gouvernement, de ces techniques de gouvernement et de ces institutions de gouvernement qu'on trouve dans une société donnée. Et mon problème est à présent d'analyser ce qu'est le gouvernement, entendu comme une technique qui permet à des personnes de diriger la vie d'autres personnes, en dépit du fait, ou grâce au fait, qu'il y a toujours des relations de force entre les gens dans une société. La dissymétrie du rapport des forces, voilà, je crois, ce qu'on peut appeler gouvernement, ou [l'on peut dire que] ce déséquilibre des forces donne lieu au gouvernement. C'est clair? Donc maintenant, mon problème est d'analyser, non pas les relations de pouvoir, mais le gouvernement[18]. Le gouvernement n'est pas une pure relation de force, il n'est pas une pure domination, il n'est pas une pure violence. Je ne crois pas que l'idée de domination soit en elle-même suffisante et adéquate pour expliquer ou pour embrasser tous ces phénomènes. Et l'une des raisons en est que dans un gouvernement, dans le fait de gouverner, il n'y a pas seulement des forces ou plus de forces d'un côté que de l'autre; mais il y a toujours en ceux qui sont gouvernés une structure qui les rend gouvernables par les autres. Le problème est d'analyser cette relation entre les personnes qui sont gouvernées et celles qui gouvernent à travers ce que nous pourrions appeler structures de domination et structures de soi, ou techniques de soi[19]. Comprenez-vous? Est-ce une réponse à votre question?

Question : Vous avez attribué l'échec du gouvernement constitutionnel à l'émergence du totalitarisme. Ne vient-il pas plutôt du maintien de ces techniques d'intériorisation associées au principe d'obéissance à un dogme et, en ce sens, le déclin de l'ère juridique ne serait-il pas dû, non à l'émergence, mais à la continuation du totalitarisme?

Michel Foucault : À sa continuation? Je ne suis pas sûr de comprendre exactement ce que vous avez dit, ou je ne suis pas sûr de pouvoir être d'accord avec la raison ou avec l'analyse que vous proposez. Mais de toute façon, la ruine, le *crépuscule*[20], des structures juridiques est dû à un nombre considérable de raisons. Et bien sûr, ce n'est pas la naissance du totalitarisme qui est la raison de la ruine des structures juridiques, le totalitarisme n'est que la conséquence de cette dissociation des structures juridiques dans la façon dont les gens sont gouvernés, mais il n'est pas seulement la continuation de ces structures juridiques.

Question : Vous avez dit en introduction que votre travail était dirigé contre la philosophie moderne du sujet née avec Descartes. Pourquoi pensez-vous que pour se débarrasser de la conception du soi héritée de Descartes, il faut aussi se débarrasser de l'herméneutique de soi ?

Michel Foucault : Non, je ne dirais pas cela. Oui, c'est un fait que mon problème et, je crois, le problème de la plupart des gens dans les années de l'après-guerre, était de se débarrasser de cette philosophie du sujet. La voie que j'ai choisie, ce n'est pas moi, bien sûr, qui l'ai inventée. C'est une tradition, au moins depuis Nietzsche, peut-être depuis Hegel – [mais] c'est un autre problème. Descartes, dans cette histoire, est bien sûr un moment très important. Je crois que Descartes est le premier philosophe qui a utilisé les techniques spirituelles du christianisme pour faire quelque chose de radicalement différent de ce que faisaient ces techniques. Je veux dire qu'il a fondé avec elles un discours philosophique. Pour le dire autrement, la philosophie, dans la tradition médiévale, était bien sûr une philosophie chrétienne, ou une philosophie catholique, mais on peut remarquer que jamais la philosophie médiévale n'a pris la forme d'une méditation ou d'un examen de soi, jamais la philosophie n'a pris la forme de ces exercices spirituels qui existaient dans la tradition chrétienne ou catholique. Le discours philosophique avait une autre forme, même s'il s'agissait d'une tradition chrétienne. Avec Descartes – et aussi avec Spinoza, mais c'est un autre problème – on trouve pour la première fois une *méditation philosophique*[21], qui est le projet d'utiliser des techniques spirituelles pour fonder un discours philosophique, une connaissance philosophique. La raison culturelle, la raison historique en est, bien sûr, assez évidente. La diffusion après la Réforme, et dans les pays catholiques après la Contre-Réforme, de ces techniques de spiritualité a été très importante; et l'âge d'or de ces techniques spirituelles n'est pas le Moyen Âge, c'est le XVIIe siècle. Et ainsi, Descartes utilise cette méthode et je crois – c'est point important – qu'avec cette façon de commencer, Descartes a bien sûr rencontré le problème de l'illusion au sujet de soi-même : quand je pense que ce que je suis en train de penser est vrai, ne suis-je pas trompé par moi-même ou par quelqu'un en moi ? Ce problème, ce n'est pas une invention de Descartes, ce n'est pas une hypothèse philosophique; ce n'est pas la radicalité de la philosophie qui introduit ce genre de soupçon chez Descartes, c'est la plus ancienne tradition de la spiritualité chrétienne. Dans la spiritualité chrétienne, le premier soupçon au sujet de tout ce qui vient à l'esprit est : n'y a-t-il pas en moi quelqu'un que je connais et que je ne connais pas, et dont je ne suis pas conscient mais dont je connais très bien l'existence, y a-t-il quelqu'un, c'est-à-dire le démon, qui me suggère cette idée et qui fait que je pense qu'elle est vraie ou évidente, même si ce n'est pas le cas ? Et Descartes doit faire, pour la première fois dans l'histoire, le partage entre la technique spirituelle et la fondation philosophique de la vérité. C'est la raison pour laquelle il parle du *malin génie*[22], qui, encore une fois, n'est absolument pas une hypothèse philosophique, qui est un problème spirituel traditionnel, et il dit que d'un point de vue philosophique, même si le démon est en moi et me trompe, l'évidence est là, etc., etc[23]. Et avec la règle de l'évidence, Descartes est en mesure d'utiliser le moyen de l'examen de soi spirituel : voyons ce qui se passe dans mon âme, voyons, observons, scrutons ce qui se passe dans ma pensée, et alors je trouverai, non pas moi-même ou la tentation ou le trompeur, etc., je peux trouver l'évidence, la vérité, et la vérité qui est valide même pour le monde extérieur. Et ainsi Descartes introduit une révolution dans les techniques spirituelles : toutes ces techniques étaient tournées vers le problème de ce qui se passait dans les profondeurs de l'âme, [tandis que lui,] il utilise ces techniques pour découvrir le fondement de la connaissance scientifique, d'une connaissance scientifique qui est valide même pour le monde extérieur, et il découvre cela à la fin des *Méditations*, dans la sixième méditation[24]. Je ne sais pas exactement pourquoi je vous expliquais cela... Est-ce que cela répond à votre question ? Non, pas exactement ? Ah oui, c'était au sujet de Descartes.

Question : Vous n'avez pas vraiment expliqué pourquoi, pour surmonter le problème du soi cartésien, il faudrait aussi détruire l'herméneutique de soi. Mais en réalité, votre propos n'est-il pas plutôt de miner l'herméneutique de soi pour elle-même ?

Michel Foucault : Oui, et vous voyez que le problème était de se débarrasser de la philosophie du sujet qui a commencé avec Descartes et de tenter une généalogie du sujet au point de vue de ces technologies de soi. Descartes est important parce qu'il utilise ces technologies de soi pour fonder le discours philosophique. Mais c'est qu'avec Descartes, nous avons seulement un usage de cette herméneutique de soi. Et le problème de l'herméneutique de soi est, je crois, plus large que le problème cartésien. Non ?

Question : Je vous l'accorde, mais pourquoi, pour se débarrasser de la conception cartésienne du soi, voulez-vous aussi vous débarrasser de l'herméneutique de soi en général ?

Michel Foucault : Je sais, ce que j'ai dit la dernière fois n'était pas clair. Mon idée est que l'herméneutique de soi a été inventée ou a été construite au début du christianisme, au cours d'un processus très complexe où cette herméneutique de soi était liée à l'obligation du sacrifice de soi. Et je crois que l'une des grandes tentatives de la culture occidentale a été de sauver, d'utiliser, de continuer cette herméneutique de soi, et cela sans l'obligation du sacrifice de soi. Ainsi, le problème est maintenant : avons-nous trouvé, à la place du sacrifice de soi, le fondement positif de l'herméneutique de soi ? Je crois que nous pouvons répondre non. Nous avons essayé, au moins depuis la période humaniste de la Renaissance jusqu'à maintenant, et nous n'avons pas trouvé. Que pouvons-nous faire, alors ? Revenir au sacrifice de soi comme véritable fondement historique de l'herméneutique de soi ? Je ne suis pas sûr que ce soit possible, je ne suis pas sûr que ce soit *souhaitable*[25]. Et peut-être le problème est-il : cette herméneutique de soi… […][a] …elle est indispensable, bien sûr, pour la façon dont les gens sont maintenant gouvernés ou dont ils se gouvernent eux-mêmes[26]. Le problème est donc maintenant : la nécessité de l'herméneutique qui est liée à la façon dont nous sommes gouvernés, cette nécessité est-elle, devrais-je dire, si nécessaire ? Et j'ai le sentiment qu'il y a comme *un appui réciproque*[27] : la façon dont nous sommes gouvernés cherche sa justification en se référant à l'herméneutique de soi, aux sciences humaines, etc., etc., et ces herméneutiques de soi se réfèrent en fin de compte à un bon fonctionnement politique et à de bonnes institutions, etc., etc. Vous pouvez le voir, tout cela est très général et abstrait et n'est peut-être pas clair, mais quand on considère, par exemple, le fonctionnement des institutions pédagogiques, on voit très bien comment la façon dont la pédagogie est institution-nalisée reçoit sa justification de la psychologie, la psychologie de l'enfant, la psychanalyse, etc., etc., et que celles-ci sont inté-grées ou justifiées par le fait que, si elles réussissent, c'est parce qu'elles permettent le fonctionnement d'une certaine manière de gouverner les enfants. Est-ce clair ?

Question : Nous devons baser nos institutions éducatives sur quelque chose, c'est-à-dire sur ce que nous pouvons apprendre au

a. Interruption de l'enregistrement.

sujet du monde et de nous-mêmes. Est-ce cela que vous remettez en question? Remettez-vous en question toutes les tentatives d'acquisition de connaissances au sujet des êtres humains, ou seulement la démarche psychologique?

Michel Foucault : Je cherche à remettre en question le fait que nous soyons obligés, ou que nous croyons être obligés, de constituer une connaissance scientifique au sujet des enfants pour justifier notre façon de les gouverner. C'est ce fait que je remets en question, non le contenu de la connaissance.

Question : Voulez-vous dire qu'il est impossible d'acquérir des connaissances pertinentes pour le gouvernement des enfants, ou remettez-vous seulement en cause la façon dont les sciences humaines le font?

Michel Foucault : Je crois qu'en tout cas ce qu'on apprend au sujet de la psychologie des enfants est nécessairement pertinent pour la façon dont on veut les gouverner, car nous avons besoin de connaissances sur la psychologie des enfants parce que nous voulons les gouverner. Et il y a une relation constitutive entre la volonté de gouverner et la volonté de savoir, et toutes ces relations sont – ce que je dis est bien sûr très schématique – mais toutes ces relations sont très complexes et constituent un nœud de techniques de gouvernement et de procédures de savoir.

Question : Quel serait le statut d'une connaissance comme celle qu'a développée Piaget sur les enfants? Même si elle est utilisée à des fins de discipline, peut-on la considérer comme une connaissance scientifique?

Michel Foucault : Vous demandez ce que je pense de l'objectivité de ce genre de connaissance? Eh bien, je crois que le fait que cette connaissance, dans son existence, dans son origine historique et dans son existence sociale et culturelle, soit profondément, constitutivement, liée à une technique de gouvernement, n'exclut pas *a priori* qu'elle soit objective. Et je ne sais pas pourquoi il faudrait l'exclure. Il faut l'exclure si l'on admet que, parce qu'il y a une relation de connaissance, alors disparaissent et doivent disparaître tous les autres types de relation. Admettre qu'une relation de connaissance ne peut pas exister sans être absolument pure, c'est bien sûr, je crois, la thèse de toute philosophie de la connaissance. Mais je crois que nous devons remettre en question cette philosophie de la connaissance. Et pourquoi la connaissance ne pourrait-elle pas être objective parce qu'elle est liée historiquement à des relations de pouvoir, à des techniques de gouvernement, etc., etc.? Je n'en vois vraiment pas la raison. J'en vois [plutôt] la raison dans un certain type de philosophie, un type de philosophie « historienne » et de philosophie de la connaissance.

Question : Considérez-vous le travail de Piaget comme une sorte d'herméneutique de soi ?

Michel Foucault : Oui, bien sûr, si on donne une large extension historique à l'expression « herméneutique de soi ».

Question : Y a-t-il quelqu'un d'autre dont le travail serait à vos yeux un meilleur exemple ?

Michel Foucault : Mais voyez-vous, quand je parle d'herméneutique de soi, je ne pense pas à un mauvais type de sciences humaines qui pourrait être opposé à un bon type. Je dis que le cadre historique de toutes les sciences humaines a été le projet d'une herméneutique de soi. Par exemple, pourquoi, dans la philosophie grecque, quand on était si préoccupé par *les règles de vie*[28], le mode de vie, les philosophes ont-ils pendant des siècles dit aux gens comment se conduire, et pourquoi n'ont-ils jamais eu l'idée qu'ils avaient besoin de quelque chose comme les sciences de l'homme ? Cela a commencé, je crois, avec le christianisme, quand non seulement le Livre, mais aussi le soi, est devenu un objet d'interprétation.

Question : Peut-on considérer ce qui se passe dans la littérature moderne (le bouleversement du discours narratif, la désintégration du sujet) comme le reflet de cette tentative pour se débarrasser de l'herméneutique de soi ?

Michel Foucault : C'est une très bonne question, très importante et très difficile. On peut dire, d'abord, que la littérature moderne a débuté, je crois, quand l'herméneutique de soi a donné lieu à un type d'écriture qui commence, par exemple, avec Montaigne. Le déclin de l'épopée et du théâtre et le début d'un type de littérature représenté par Montaigne et quelques autres est le moment, le point de rencontre, où l'herméneutique de soi, qui avait été jusque-là une pratique purement religieuse, s'est ouverte à tout le monde. Et ce n'était pas du tout le résultat du déclin de l'expérience religieuse, mais celui d'une extension de l'expérience religieuse. Luther et la Contre-Réforme sont à la racine de la littérature moderne, car celle-ci n'est pas autre chose que le développement de l'herméneutique de soi.

Question : Ma question portait plutôt sur la littérature contemporaine...

Michel Foucault : Il y a aussi un problème, je crois, dans la littérature moderne. Je crois qu'il s'y trouve quelque chose qui est apparenté à l'une des caractéristiques les plus importantes de l'herméneutique de soi : c'est la relation entre cette herméneutique de soi et le sacrifice de soi, puisque la littérature est d'une certaine façon un sacrifice de soi ou à la fois un sacrifice de soi et la transposition du soi dans un autre ordre de choses, dans un autre temps, sous une autre lumière, etc. L'écrivain moderne est donc en un sens apparenté, lié et semblable au premier *ascète*[29] chrétien ou au premier martyr chrétien. Quand je vous dis cela, c'est bien sûr avec une *pointe d'ironie*[30]. Mais je crois que le même problème des relations entre l'herméneutique de soi et la disparition du soi, le sacrifice, la négation de soi, est le noyau de l'expérience littéraire dans le monde moderne.

Question : Pourquoi ne faites vous pas remonter l'origine de l'herméneutique de soi à Platon plutôt qu'au christianisme ?

Michel Foucault : Mais je crois qu'il est impossible de trouver chez Platon une herméneutique de soi. Il y a une théorie de l'âme, mais pas une herméneutique de soi. Jamais chez Platon on ne trouve quelque chose qui ressemble à l'examen de soi, l'examen du fil des pensées, etc., etc. Le problème de Platon est l'élévation de l'âme vers la vérité, ce n'est pas la découverte de la vérité dans les profondeurs de l'âme[31]. Et sur le *gnôthi seauton*, par exemple, je dirais de façon très schématique que selon cette analyse le *gnôthi seauton* n'a rien à voir avec l'herméneutique de soi. L'histoire philosophique traditionnelle de la conscience, du *gnôthi seauton* à Descartes, est, je crois, *un contresens*[32], et elle ne tient pas compte des innovations spécifiques qui apparaissent avec le christianisme, avec la spiritualité chrétienne[33]. Et la spiritualité chrétienne n'est pas la même chose que le christianisme : le christianisme commence avec le Christ, la spiritualité chrétienne avec saint Pachôme, saint Antoine, saint Jérôme, saint Athanase, saint Augustin, c'est-à-dire au IV e et au V e siècle.

Question : Le thème de l'examen de soi semble déjà présent chez Héraclite, qui dit dans un de ses fragments : « Je suis à la recherche de moi-même »[34]. Pourquoi accordez-vous tant d'importance au christianisme et si peu à la tradition grecque ?

Michel Foucault : Je crois que, dans la tradition grecque, le problème du soi en tant qu'être est réellement important, mais pas le problème du soi en tant qu'objet. Les techniques qui permettent de se considérer comme un objet de connaissance n'ont pas la même importance que le fait de connaître ou de montrer le soi en tant qu'être. C'est par exemple ce qui me frappe dans les premiers rites de pénitence chrétiens, dans cette *exomologesis* où le problème pour le pécheur n'est absolument pas de savoir ce qu'étaient réellement ses péchés, ni d'expliquer à d'autres personnes ce qu'ils étaient. Il s'agit seulement de montrer son être en tant que pécheur. Et je crois que, dans la tradition grecque, par exemple dans les sociétés grecques, le suppliant montre son être de suppliant ; il a été exilé, il a l'espoir... ou, par exemple, Œdipe, à la fin de la tragédie, arrive, les portes du palais sont ouvertes, et tout le monde peut le voir ; Œdipe arrive devant le palais et se montre en tant que l'assassin de son père, en tant que l'époux de sa mère. C'est une sorte d'*exomologesis*, si vous voulez, mais il n'y a rien de pareil à la constitution du soi en tant qu'objet[35]. Et je crois que ni chez Platon ni chez Héraclite on puisse trouver quelque chose comme la constitution du soi en tant qu'objet. Mais cela ne veut pas dire que le problème de l'être du soi n'est pas important. Est-ce clair ? Je n'en suis pas sûr, mais vous pouvez peut-être voir la direction [dans laquelle je vais].

Question : Ma question est d'ordre méthodologique. Alors que, dans vos travaux précédents, vous insistiez beaucoup sur les discontinuités historiques, vous paraissez maintenant mettre l'accent sur la continuité depuis le début du christianisme. Votre conception de la continuité ou de la discontinuité des pratiques historiques a-t-elle changé, ou bien est-ce parce que vous traitez un sujet différent ?

Michel Foucault : Peut-être pour une troisième raison. Voyez-vous, je crois que l'une des questions majeures de la philosophie occidentale depuis le début du XIXe siècle est : « Qu'est-ce que l'*Aufklärung* ? »[36] Ce problème de ce qui s'est passé du XVIe au XVIIIe siècle et qui est la constitution d'une certaine rationalité, d'un certain savoir, ou d'une relation entre société et rationalité, etc., etc., tout cela était, je crois, le grand, un des grands problèmes philosophiques. Je crois vraiment qu'il y a deux façons d'être un philosophe depuis le XIXe siècle : ou bien poser la vieille question « Qu'est-ce que la vérité ? », ou bien poser la question plus nouvelle « Qu'est-ce que l'*Aufklärung* ? » Et entre ces deux questions, il n'y a pas seulement des différences, il y a aussi des relations profondes, parce qu'il n'est peut-être pas possible de poser la question « Qu'est-ce que la vérité ? » sans poser la question « Quel est ce type de rationalité que nous utilisons actuellement pour répondre à la question ? » Et, bien sûr, on ne peut pas répondre à la question « Qu'est-ce que l'*Aufklärung* ? » sans répondre aussi à la question : « Qu'est-ce que cette vérité et l'historicité de cette vérité qui était telle que quelque chose comme l'*Aufklärung* ait été possible ? » Quelqu'un, après ma première ou ma seconde conférence, m'a demandé – je ne sais pas si c'était avec méfiance, mais peu importe – : « Êtes-vous un philosophe ? » Mais je n'en sais rien, peut-être ne suis-je pas un philosophe. De toute façon, je crois que la question dont je n'ai cessé de m'occuper était une question philosophique : c'était « Qu'est-ce que l'*Aufklärung* ? » Mais cette question, j'ai cherché à l'analyser à travers des problèmes historiques très concrets, et voilà pourquoi j'ai toujours étudié cette période qui va du XVIe jusqu'au début du XIXe siècle. Tous mes livres ont été une tentative de réponse à cette question[37]. Et puis j'ai dû, au moins pour ce sujet de la sexualité, remonter en arrière. Peut-être aussi peut-on dire qu'il y a deux grands moments philosophiques, le moment présocratique et l'*Aufklärung*. Et il serait très intéressant de comparer la façon dont les heideggeriens ont interrogé le moment présocratique avec celle dont, peut-être, les webériens ont analysé le moment de l'*Aufklärung*. Et maintenant, je me demande s'il n'y a pas un troisième moment qui se situerait entre les deux autres, qui serait le moment patristique, au IVe-Ve siècle, où apparaît quelque chose qui ne se trouve pas dans le moment présocratique et qui était déjà constitué quand l'*Aufklärung* a commencé. Ce moment, cette chose est la constitution de ce que j'appelle l'herméneutique de soi, le commencement du soi occidental, qui est autre chose que la disparition de l'Être et autre chose que le commencement de la rationalité moderne[38]. Est-ce clair ?

Question : Y a-t-il un rapport, et si oui, lequel, entre le gouvernement pastoral et l'avènement de l'État moderne dont vous avez parlé l'an dernier à Stanford[39], et ces technologies de soi ?

Michel Foucault : Vous avez assisté à ces conférences ? Si je pose la question, c'est seulement pour mettre au point ma réponse. Je pensais que la relation était vraiment claire, car dans les conférences de Stanford j'ai essayé d'analyser ce que nous pourrions appeler le gouvernement, et ce type de gouvernement très particulier qui est le gouvernement des individus, et pas seulement celui de groupes comme des cités, des États, etc., et pourquoi dans nos sociétés nous avons à la fois un gouvernement de grandes masses de personnes au moyen de l'État et un gouvernement des individus dans leur individualité la plus particulière[40]. Et l'autre aspect de cela est le problème des technologies de soi qui sont, je crois, la condition de ce gouvernement pastoral, la condition pour que ce gouvernement pastoral existe et fonctionne. Sans technologies de soi, le gouvernement pastoral ne peut pas fonctionner. Et réciproquement, ces technologies de soi ont reçu l'appui, on le sait très bien, du gouvernement de type pastoral que vous trouvez dans l'Église, par exemple, et aussi dans d'autres institutions comme la pédagogie, les institutions politiques, etc., etc.

Question : Est-ce lié à ce que vous disiez au début sur l'échec du gouvernement par le moyen d'une constitution ?

Michel Foucault : Oui, c'est le cas.

Question : Quelle distinction faites-vous entre pouvoir et domination ?

Michel Foucault : Je croyais l'avoir expliqué. Le gouvernement n'est pas une pure relation de domination, en ce sens qu'il n'est pas simplement le moyen d'imposer sa volonté à d'autres personnes. Le gouvernement est une technique qui permet d'utiliser le soi des gens et la conduite de soi des gens, avec un objectif de domination. Vous comprenez ?

Question : Ma question ne portait pas sur le gouvernement, mais sur la différence entre pouvoir et domination. Je la pose parce que, dans *Surveiller et punir* et dans *La volonté de savoir*, vous ne paraissez pas séparer clairement les modifications des relations de pouvoir qui se traduisent par plus de domination de celles qui se traduisent par plus d'émancipation. Je fais allusion à la différence entre fascisme et socialisme…

Michel Foucault : Eh bien, je dirais que pour moi, la catégorie du pouvoir est la plus large, et dans cette catégorie, on peut trouver des relations de domination qui sont les relations de pouvoir les plus simples, les plus violentes. Et on trouve aussi des techniques de gouvernement qui sont le moyen, qui permettent d'exercer un pouvoir, mais sans utiliser la violence, etc., etc. Vous comprenez ? Je dirais donc que la domination n'est qu'un moyen d'exercer le pouvoir, et pas le meilleur ni le plus sûr. Gouverner est bien plus efficace. La domination n'est, pourrais-je dire, qu'une relation de pouvoir de crise, quand on ne peut rien faire d'autre qu'exercer une domination. Mais dès qu'on le peut, si on en a la possibilité, la technique, etc., on gouverne, on ne domine pas.

Question : Quand vous parlez des techniques de soi en tant qu'elles sont nécessaires pour le gouvernement, « gouvernement » n'a-t-il pas toujours pour vous un sens péjoratif ou négatif ?

Michel Foucault : Eh bien, j'essaie de ne pas faire une description trop négative, vous savez. Ce que je dirais, c'est que je ne veux pas donner une signification positive aux technologies de soi et une signification négative aux technologies de domination. Les technologies de soi ne sont pas, du moins dans mon analyse, meilleures ou pires que les autres.

Question : Je suis troublé par l'usage qui est fait du mot « soi » car, jusqu'à maintenant, je croyais que vous utilisiez le mot « soi » plus ou moins comme un synonyme d'« âme », au sens où vous dites, dans *Surveiller et punir*, que l'âme est la prison du corps [41]. Pourriez-vous expliquer ce que vous entendez par « soi » ?

Michel Foucault : C'est une question importante et difficile. Comme vous le savez, nous n'avons pas [l'équivalent du] mot « *self* » en français ; et c'est dommage, parce que je crois que c'est un bon mot. En français, nous avons deux mots, « sujet » et « subjectivité », et je ne sais pas si vous utilisez souvent « subjectivité », je ne le crois pas. Voyez-vous, par « soi » j'entendais le type de relation que l'être humain en tant que sujet peut avoir et entretenir avec lui-même [42]. Par exemple, l'être humain peut être dans la cité un sujet politique. Sujet politique, cela veut dire qu'il peut voter, ou qu'il peut être exploité par d'autres, etc. Le soi serait le type de relation que cet être humain en tant que sujet a avec lui-même dans une relation politique. On peut appeler cela « subjectivité » en français, mais ce n'est pas satisfaisant, je crois que « soi » est meilleur. Et ce type de relation du sujet avec lui-même est, je crois, la *cible* [43] de techniques… Et quand j'ai dit que l'âme était la prison du corps, c'était bien sûr une plaisanterie, mais l'idée était que le corps, dans ce type de discipline, est défini et délimité par un type de relation de l'individu à lui-même. C'est ce type [de relation] qui est imposé par la discipline et qui donne au corps une certaine place et une certaine définition, une certaine importance, une certaine valeur, etc. Est-ce clair, non ? Mon anglais est vraiment faible quand la question est difficile.

Question : Je ne suis pas certain de vous comprendre quand vous dites qu'on a échoué à trouver un fondement pour l'herméneutique de soi. Et je ne comprends pas bien votre conception du soi fondée sur la relation de soi à soi : s'agit-il d'une relation d'identité ou pensez-vous à autre chose ? Il y a beaucoup de démarches scientifiques que nous poursuivons bien que nous ayons échoué à leur trouver un fondement, et nous savons parfois que nous n'en trouverons pas, comme dans le cas des mathématiques. Voulez-vous dire qu'on n'a pas réussi à trouver un fondement pour certaines connaissances comme les sciences humaines, ou bien voulez-vous dire que nous ne pouvons pas parvenir à la connaissance de nous-mêmes ?

Michel Foucault : Juste une remarque pour commencer : la relation de soi à soi n'est pas, je crois, une relation d'identité[44]. Deuxième point, la question du fondement et de l'échec. Depuis des milliers d'années, on a construit beaucoup de techniques portant sur la conduite humaine : les techniques de mémorisation, par exemple, ou les techniques pédagogiques, ou encore l'examen de soi et l'aveu, etc. Pendant des siècles, je crois que ces techniques ont été développées par des gens qui n'étaient pas concernés par le problème, ou par la science, ou par la philosophie de l'homme, de l'être humain, qui aurait dû être à la fois le fondement et la justification, la justification théorique de ces techniques et qui aurait pu leur donner leur racine rationnelle, leur norme rationnelle. Je crois que, depuis le XVIe ou le XVIIe siècle, il n'est plus possible de développer ces techniques sans chercher leur fondement théorique, et nous pouvons considérer les sciences humaines comme cette tentative. Eh bien, je vous pose cette question : pensez-vous vraiment que cette psychologie, cette anthropologie, cette psychiatrie, etc., ont été capables de satisfaire aux *réquisits*[45] scientifiques qui ont été atteints dans d'autres sciences ? Et ainsi, pensez-vous que nous ayons fondé une science de l'homme, de l'être humain, qui puisse être le fondement général de toutes ces techniques de l'homme ?

Question : On aurait pu renoncer à fonder la médecine sur la biologie parce qu'on ne trouvait pas en elle un fondement suffisamment solide, comme, par exemple, la physique pour l'ingénierie (*engineering*), et, pour cette raison, l'abandonner prématurément. Ne devrait-on pas plutôt se dire qu'il reste du travail à faire, qu'il faut persévérer ? En quoi le cas des sciences humaines est-il différent ?

Michel Foucault : Je crois que c'est un bon exemple. Avec les relations de la biologie et de la médecine, on voit très bien que ce n'est pas dans les termes du problème médical qu'on a trouvé le fondement des techniques médicales, et qu'on l'a trouvé dans la biologie. Et je dirais de la même manière que la façon dont le problème de l'être humain a été formulé à travers cette herméneutique de soi depuis des siècles n'est pas capable de fonder de telles techniques, mais peut-être pouvons-nous trouver pour ces techniques un fondement scientifique dans la biologie, dans l'ingénierie, etc., mais dans d'autres termes que ceux de cette herméneutique de soi. Autrement dit, l'hypothèse fondamentale de l'herméneutique de soi, qui est que nous devons trouver en nous-mêmes une vérité profonde qui est cachée et qui doit être déchiffrée comme doit l'être un livre, un livre obscur, un livre prophétique, un livre divin, je crois qu'il faut s'en débarrasser. Et peut-être pourra-t-on trouver un jour, par exemple, un moyen de développer des techniques pédagogiques à partir, que sais-je, de la biologie, de l'informatique, etc. ; mais pas dans les termes formulés historiquement par l'herméneutique de soi. Ce n'est pas du tout une critique des techniques et de la science, etc., etc.

Question : J'avais cru comprendre qu'à votre avis les travaux de Piaget pouvaient avoir un caractère objectif. Mais vous semblez maintenant dire le contraire, parce qu'ils relèvent de l'approche des sciences humaines. N'y a-t-il pas là une contradiction ?

Michel Foucault : Non, je ne crois pas qu'il y ait de contradiction. Je dois dire que Piaget peut être objectif, parce que ce qu'il veut faire – ou du moins ce que nous pouvons dire qu'il a fait –, c'est donner une description objective de ce qu'est l'évolution des enfants dans notre société, etc., etc. Et cela est objectif. Piaget est-il en mesure de nous conduire à la totalité de *la* science de l'être humain ? Eh bien alors, je peux dire non.

Question : Alors, dans la mesure où nous avons été objectivés d'une certaine façon, je vois que…

Michel Foucault : Non, puisqu'il y a des séries, un ensemble de pratiques – historiques, sociales, etc. – qui définissent un domaine d'objectivité possible, d'objets possibles, alors Piaget, pour ce qui est de ces objets, est parfaitement capable de donner une description objective. Mais le problème est : avons-nous avec cela un morceau, une partie, un élément d'une science de l'être humain ? Est-ce clair ?

Question : Vous avez dit que le pouvoir est une relation entre des personnes, qu'il s'agisse ou non d'individus. Mais peut-il y avoir des relations de pouvoir entre des personnes et des institutions, des idées ou peut-être des objets physiques ?

Michel Foucault : Je ne parlerai pas des objets physiques, je crois que le problème est tout à fait différent. Mais prenons par exemple les idées. Quand on dit que les idées exercent un pouvoir, je crois que c'est seulement de façon métaphorique. On peut dire que les idées sont influentes, mais qu'est-ce que cela veut dire ? Cela veut dire que, quand quelqu'un utilise ces idées ou exprime ces idées, il peut alors – parce qu'on accepte ces idées ou qu'elles sont partagées par une catégorie de personnes – il peut alors les utiliser en vue d'un certain objectif, et alors il existe des relations de pouvoir. Mais c'est seulement quand des personnes exercent ces relations de pouvoir qu'on peut parler de pouvoir. Je crois que les idées n'ont pas de pouvoir par elles-mêmes, que les institutions n'ont pas de pouvoir par elles-mêmes. Elles ont du pouvoir dans la mesure où des personnes les contrôlent. N'est-ce pas évident ?

Question : Ne peut-on pas dire que l'idée du salut, qui est, dans le christianisme, la motivation de l'aveu et la justification du sacrifice de soi, a une force et une vie par elle-même ?

Michel Foucault : Ne croyez-vous pas qu'il va de soi qu'une idée n'a pas de pouvoir par elle-même ? Elle peut être acceptée, elle est difficile à comprendre, elle est séduisante, on peut avoir un avantage psychologique à l'accepter, etc., etc. On peut dire tout cela. Mais ça, que l'idée puisse exercer un pouvoir, non. Voyez-vous, c'est un mot terrible, « pouvoir » – et bien sûr, j'ai été l'une des nombreuses victimes du mot « pouvoir »… Mais si on veut analyser ce champ spécifique des interactions entre individus, qui sont telles que quelqu'un peut agir sur quelqu'un d'autre en vue d'un certain objectif, etc., etc., si on veut isoler ce champ, bien sûr ce champ est lié aux autres, mais si on veut l'analyser, on est obligé de l'isoler en tant que problème, on doit alors donner du mot « pouvoir » une définition relativement restrictive et on est obligé de se débarrasser de tous les usages métaphoriques de ce mot. Et penser que les idées ont un pouvoir par elles-mêmes, je crois qu'on doit le prendre seulement en un sens métaphorique.

1. Foucault parlera plus longuement de saint Augustin quelques jours après, au début du mois de novembre 1980, lors d'un séminaire qu'il conduit en anglais, avec Richard Sennett, à l'Institute for the Humanities de l'université de New York. Ce séminaire sera partiellement publié en 1981 sous le titre *Sexuality and Solitude. Cf.* M. Foucault, «Sexualité et solitude», conférence cit., p. 987-997. À cette occasion, cependant, Foucault ne traite pas de l'aveu, mais de la «libidinisation du sexe» et du «nouveau mode d'appréhension de soi comme être sexuel» qui a été proposé par le christianisme, et par saint Augustin en particulier dans *La Cité de Dieu* et le *Contra Julianum*. Cf. *ibid.*, p. 993-996.

2. *Cf.* HS, p. 347 et 372-374, où Foucault parle, surtout à propos des épicuriens, des «obligations d'être franc avec ses amis, de tout dire ce qu'on a sur le cœur».

3. Pour plus de précisions sur le rôle des «*cordis affectus*» dans les *Confessions*, voir P. Brown, *La vie de saint Augustin*, Paris, Seuil, 2001 (première édition : 1971), p. 219-221.

4. Foucault aborde ce problème lors de la leçon du 30 janvier 1980 du cours *Du gouvernement des vivants*, où il présente le protestantisme comme «une certaine manière de lier le régime de l'aveu et le régime de la vérité», qui fait que l'adhésion au contenu dogmatique prenne «la même forme que le rapport de soi à soi dans la subjectivité s'explorant elle-même». *Cf.* GV, p. 83-84. Dans la leçon du 29 avril 1981 du cours de Louvain, Foucault explique, encore plus clairement, que le protestantisme a été «la grande entreprise par laquelle la culture occidentale, la culture européenne, le christianisme occidental a essayé [...] de poser à nouveaux frais et dans de nouveaux termes le lien entre l'obligation de croire à la vérité et l'obligation de découvrir en soi quelque chose qui est une vérité, qui serait la vérité du texte et en même temps qui serait la vérité de soi-même». *Cf.* MFDV, p. 90.

5. Dans la leçon du 13 mai 1981 du cours de Louvain, Foucault soutient que, à partir du XIIᵉ-XIIIᵉ siècle, l'Église est devenue «l'institution à l'intérieur [de la]quelle se juridifient fondamentalement les rapports entre Dieu et l'homme», et que «la Réforme – Luther, Calvin –, ce sera bien l'immense effort pour déjuridifier les rapports entre l'homme et Dieu». *Cf.* MFDV, p. 185.

6. Michel Foucault dit : «l'*exagoreusis*».

7. Foucault dresse l'histoire de la progressive « juridification » de la pénitence et de l'aveu, en la couplant avec l'histoire de la place de plus en plus importante prise par l'aveu dans les institutions et les procédures judiciaires du Moyen Âge jusqu'au XXe siècle, dans les leçons du 13 et 20 mai 1981 du cours de Louvain. *Cf.* MFDV, p. 161-233.

8. Michel Foucault prononce ce mot en français.

9. *Cf.* SP, p. 23-26.

10. Foucault l'explique clairement dans la leçon du 1er février 1978 du cours *Sécurité, territoire, population*, en opposant le point de vue du gouvernement au « cadre juridique de la souveraineté » : si la finalité de la souveraineté est la soumission à la loi, dans la perspective du gouvernement, au contraire, il s'agit de disposer des choses, c'est-à-dire « d'utiliser plutôt des tactiques que des lois », pour « faire en sorte, par un certain nombre de moyens, que telle ou telle fin puisse être atteinte ». *Cf.* STP, p. 101-107.

11. *Cf.* SP, p. 287-298, où Foucault décrit l'excès ou la série d'excès du « carcéral » par rapport au « judiciaire » – de la formation d'un « savoir clinique sur les condamnés » à l'élaboration de la notion de l'individu « dangereux », toujours authentifiées par les nouvelles sciences humaines. Voir également M. Foucault, « L'évolution de la notion d'"individu dangereux" dans la psychiatrie légale du XIXe siècle », dans DE II, n° 220, p. 443-464.

12. Michel Foucault prononce ce mot en français.

13. Foucault fait peut-être ici allusion à la déception qu'avait suscitée chez lui la lecture de l'ouvrage collectif *Libertés, liberté*, publié en 1976 sous la direction de Robert Badinter pour nourrir la réflexion du Parti Socialiste (cf. *Liberté, libertés. Réflexions du Comité pour une charte des libertés*, Paris, Gallimard, 1976). Foucault reviendra sur ce texte en 1977, dans une intervention sur l'évolution de la fonction du judiciaire au séminaire du Syndicat de la magistrature, où il critique ce qu'il appelle l'essaimage des fonctions judiciaires à travers le corps social. *Cf.* « Michel Foucault à Goutelas : la redéfinition du "judiciable" », *Justice*, n° 115, juin 1987, p. 36-39. Voir également D. Defert, « Chronologie », art. cit., p. 70.

14. *Cf.* M. Foucault, « Enfermement, psychiatrie, prison », entretien avec D. Cooper, J.-P. Faye, M.-O. Faye et M. Zecca, dans DE II, n° 209, p. 332-360.

15. Cf. *ibid.*, p. 351-355.

16. Michel Foucault prononce ce mot en français.

17. Michel Foucault prononce ce mot en français.

18. *Cf.* GV, p. 13-14 : « Dans les cours des deux dernières années, j'ai
[…] essayé d'esquisser un peu cette notion de gouvernement, qui me paraît
être beaucoup plus opératoire que la notion de pouvoir, "gouvernement"
étant entendu bien sûr, non pas au sens étroit et actuel d'instance suprême des
décisions exécutives et administratives dans les systèmes étatiques, mais au
sens large, et ancien d'ailleurs, de mécanismes et de procédures destinés à
conduire les hommes, à diriger la conduite des hommes, à conduire la
conduite des hommes. »

19. Pour la distinction entre « relations stratégiques », « techniques de
gouvernement » et « états de domination », et pour l'explication de la
place que revêt, dans ce cadre, le « rapport de soi à soi », *cf.* M. Foucault,
« L'éthique du souci de soi comme pratique de la liberté », entretien cit.,
p. 1547-1548.

20. Michel Foucault prononce ce mot en français.

21. Michel Foucault prononce ces mots en français.

22. Michel Foucault prononce ces mots en français.

23. Pour plus de précisions sur ce point, *cf.* GV, p. 297-298 et MFDV,
p. 167-168.

24. Foucault reprend et réélabore cette lecture de Descartes dans la
première leçon du cours au Collège de France de 1981-1982, où il trace la
distinction entre « philosophie » et « spiritualité », et où il définit le « moment
cartésien » comme l'événement, très complexe, qui marque une rupture dans
l'histoire de la vérité, en la faisant entrer dans son « âge moderne » : à partir de
ce moment-là, « ce qui permet d'accéder au vrai, c'est la connaissance elle-
même et elle seule ». *Cf.* HS, p. 15-20. Il faut toutefois noter que, dans ce
contexte, le terme « spiritualité » ne renvoie plus aux techniques « spirituelles » du christianisme, mais aux « exercices spirituels » tels que Pierre
Hadot les avait définis (*cf.* P. Hadot, « Exercices spirituels », art. cit.). Deux
ans plus tard, Foucault nuance un peu sa position vis-à-vis de Descartes,
en précisant que les *Méditations* sont une entreprise « spirituelle » (dans ce
sens qu'elles sont une « pratique de soi »), car elles permettent au philosophe
d'accéder à un certain mode d'être, à cette différence près que ce mode d'être
« est entièrement défini par la connaissance ». Les *Méditations* de Descartes
réalisent ainsi une inédite *superposition* des « fonctions de la spiritualité à
l'idéal d'un fondement de la scientificité ». *Cf.* M. Foucault, « L'éthique du
souci de soi comme pratique de la liberté », entretien cit., p. 1541-1542. Voir
également M. Foucault, « À propos de la généalogie de l'éthique : un aperçu
du travail en cours », entretien avec H. Dreyfus et P. Rabinow, dans DE II, n°
326, p. 1229-1230.

25. Michel Foucault prononce ce mot en français.

26. *Cf.* GV, p. 73-74 : « La question que je voudrais poser, encore une fois, c'est celle-ci : comment se fait-il que, dans une société comme la nôtre, le pouvoir ne puisse s'exercer sans que la vérité ait à se manifester et à se manifester dans la forme de la subjectivité et sans, d'autre part, qu'on attende de cette manifestation de la vérité dans la forme de la subjectivité, des effets qui sont au-delà de l'ordre de la connaissance, qui sont de l'ordre du salut et de la délivrance pour chacun et pour tous ? D'une façon générale, les thèmes que je voudrais aborder cette année [sont] ceux-ci : comment, dans notre civilisation, se sont mis en place les rapports entre le gouvernement des hommes, la manifestation de la vérité dans la forme de la subjectivité et le salut pour tous et chacun ? »

27. Michel Foucault prononce ces mots en français.

28. Michel Foucault prononce ces mots en français.

29. Michel Foucault prononce ce mot en français.

30. Michel Foucault prononce ces mots en français.

31. *Cf.* HS, p. 75-76 et CV, p. 147, 227. Voir également M. Foucault, « À propos de la généalogie de l'éthique », entretien cit., p. 1226, où Foucault explique clairement que, chez Platon, la contemplation de soi-même, « c'est une forme de contemplation ontologique et non pas psychologique », et que se connaître soi-même signifie « gagner la connaissance ontologique du mode d'être de l'âme », sans donc qu'il soit nécessaire de pratiquer aucun examen de conscience.

32. Michel Foucault prononce ces mots en français.

33. Pour plus de précisions sur ce point, *cf.* GV, p. 224 et MFDV, p. 114.

34. Héraclite, *Fragment CI* : « J'étais le propre objet de mon étude », dans *Les Présocratiques*, trad. fr. J.-P. Dumont, « Bibliothèque de la Pléiade », Paris, Gallimard, 1988, p. 169.

35. Le 24 octobre 1980, pendant une conversation avec Hubert Dreyfus, Foucault revient sur certains points abordés dans les « Howison Lectures » et dans ce débat. À cette occasion, il précise : « Ce que j'entends [par herméneutique de soi] est quelque chose de plus large que le pur usage de l'herméneutique pour la connaissance de l'être humain. J'entends [par là] le fait que l'être humain en tant que sujet, ou dans sa *subjectivité*, peut être pour lui-même un objet de connaissance. » *Cf.* M. Foucault, *Discussion about books*, conversation cit.

36. Foucault commence à thématiser la notion d'*Aufklärung* comme enjeu proprement philosophique en 1978, notamment dans la conférence *Qu'est-ce que la critique ?*, ainsi que dans un passage de l'introduction pour

l'édition anglaise de *Le normal et le pathologique* de Georges Canguilhem. *Cf.* M. Foucault, «Qu'est-ce que la critique? (Critique et *Aufklärung*)», *Bulletin de la Société française de Philosophie*, vol. 84, n° 2, avril-juin 1990, p. 35-63 et «Introduction par Michel Foucault», dans DE II, n° 219, p. 431-433. Il consacre d'ailleurs à cette question la première leçon du cours au Collège de France de 1982-1983, dont un extrait sera publié en 1984 dans *Le Magazine Littéraire*, ainsi que le célèbre article paru dans *The Foucault Reader* la même année. *Cf.* GSA, p. 3-39; «What is Enlightenment?» et «Qu'est-ce que les Lumières?», art. cit.

37. *Cf.* M. Foucault, «Qu'est-ce que les Lumières?», art. cit., p. 1506-1507: «[I]l me semble que le choix philosophique auquel nous nous trouvons confrontés actuellement est celui-ci: on peut opter pour une philosophie critique qui se présentera comme une philosophie analytique de la vérité en général, ou bien on peut opter pour une pensée critique qui prendra la forme d'une ontologie de nous-mêmes, d'une ontologie de l'actualité; c'est cette forme de philosophie qui, de Hegel à l'École de Francfort en passant par Nietzsche et Max Weber, a fondé une forme de réflexion dans laquelle j'ai essayé de travailler.»

38. Interrogé par Hubert Dreyfus sur ce même problème de la continuité et de la discontinuité dans ses analyses historiques, Foucault explique que «l'importance accordée aux discontinuités, pour moi, c'est tout de même essentiellement une méthode et pas un résultat. Je ne décris pas des choses pour trouver des discontinuités, mais j'essaie, là où elles semblent apparaître, d'en prendre la mesure et de ne pas vouloir les réduire tout de suite. […] Et c'est vrai que beaucoup de processus continus ou à longue échelle m'échappaient, et je restais sur ces discontinuités qui m'apparaissaient en première lecture. Je n'allais pas plus loin parce que je crois qu['il] me manquait un certain nombre de grandes catégories, de grandes lignes, [de] grands dispositifs continus, et il me semble que ce qu'on disait hier [pendant le débat] sur le moment présocratique, le moment de [la] spiritualité chrétienne et le moment de l'*Aufklärung*, me permettrait sans doute de beaucoup mieux replacer maintenant la continuité des choses». *Cf.* M. Foucault, *Discussion about books*, conversation cit.

39. Il s'agit des deux conférences prononcées à l'université de Stanford les 10 et 16 octobre 1979 et publiées sous le titre «"Omnes et singulatim": vers une critique de la raison politique», conférences cit., p. 953-980.

40. Sur le pouvoir pastoral, outre les conférences de Stanford, voir également STP, p. 127-232; «La philosophie analytique de la politique» et

« Sexualité et pouvoir », dans DE II, n° 232 et 233, en particulier p. 547-551 et 559-566.

41. *Cf.* SP, p. 34.

42. Dans la leçon du 12 mars 1980 du cours *Du gouvernement des vivants*, Foucault précise que, par « subjectivité », il entend « le mode de rapport de soi à soi ». *Cf.* GV, p. 220-221. De façon analogue, dans la notice qu'il écrit pour l'entrée « Foucault » du *Dictionnaire des philosophes*, il affirme que, par « subjectivité », il entend « la manière dont le sujet fait l'expérience de lui-même dans un jeu de vérité où il a rapport à soi ». *Cf.* M. Foucault, « Foucault », art. cit., p. 1452.

43. Michel Foucault prononce ce mot en français.

44. Dans sa réponse, Foucault vise la relation d'identité entendue au sens logique. Mais, toujours critique par rapport à la notion d'« identité », dans un entretien de 1982, publié deux ans après, il affirmera clairement que « les rapports que nous devons entretenir avec nous-mêmes ne sont pas des rapports d'identité ; ils doivent être plutôt des rapports de différenciation, de création, d'innovation ». *Cf.* M. Foucault, « Michel Foucault, une interview : sexe, pouvoir et la politique de l'identité », entretien avec B. Gallagher et A. Wilson, dans DE II, n° 358, p. 1558.

45. Michel Foucault prononce ce mot en français.

INTERVIEW DE MICHEL FOUCAULT
3 novembre 1980

Michel Foucault : En un sens, je suis un moraliste[a]. Je suis un moraliste dans la mesure où je crois qu'une des tâches, un des sens de l'existence humaine, ce en quoi consiste la liberté de l'homme, c'est de ne jamais rien accepter comme définitif, intouchable, évident, immobile. Rien de réel ne doit nous faire une loi définitive et inhumaine. Dans cette mesure-là, on peut considérer que ce contre quoi nous avons à nous élever, c'est toutes les formes de pouvoir, mais non pas entendu simplement au sens étroit de pouvoir d'un type de gouvernement, ou d'un groupe social sur un autre ; cela n'est qu'un élément parmi d'autres. J'appelle «pouvoir» tout ce qui tend effectivement à rendre immobile et intouchable ce qui nous est offert comme réel, comme vrai, comme bien.

Question : Mais ne doit-on pas fixer les choses, même si c'est de façon provisoire ?

Michel Foucault : Bien sûr, bien sûr. Ça ne veut pas dire qu'on ne doit vivre que dans une discontinuité indéfinie. Mais je veux dire qu'il faut considérer que tous les points de fixation, d'immobilisation, doivent être considérés comme des éléments

a. Début de l'enregistrement.

dans une tactique, dans une stratégie, c'est-à-dire à l'intérieur d'un effort pour rendre aux choses leur mobilité, leur possibilité d'être modifiées ou de changer. Je vous disais tout à l'heure [que] les trois éléments de ma morale sont : [premièrement,] refus d'accepter comme allant de soi ce qui nous est proposé ; deuxièmement, nécessité d'analyser et de savoir, car rien de ce que nous avons à faire ne peut être fait sans une réflexion ainsi qu'une connaissance, c'est le principe de curiosité ; et troisièmement, principe d'innovation, c'est-à-dire ne s'inspirer[a] d'aucun programme préalable et bien chercher à la fois dans certains éléments de notre réflexion et dans la manière dont nous agissons ce qui n'a jamais encore été pensé, imaginé, connu, etc. Donc refus, curiosité, innovation.

Question : La conception moderne du sujet semble comporter ces trois notions de refus, de curiosité et d'innovation. Est-ce la tendance à fixer cette notion du sujet que vous attaquez ?

Michel Foucault : Ce que j'ai essayé de vous dire, c'était dans quel champ de valeurs je situais mon travail. Vous m'avez demandé si je n'étais pas un nihiliste qui refusait la morale. Je dis non. Vous me demandiez aussi, ce qui est une question tout à fait légitime : « Au fond, pourquoi faites-vous ce que vous faites ? » Je réponds : « Voilà quelles sont mes valeurs. » Je pense que la théorie moderne du sujet, la philosophie moderne du sujet, peut bien accorder au sujet une capacité d'innovation, etc., mais qu'en fait elle la lui accorde théoriquement. Donc, de fait, ça ne permet pas de transcrire dans la pratique ces différentes valeurs que j'essaie d'investir dans mon travail et non pas dans la théorie du sujet.

a. Michel Foucault dit : « ne lire aucun programme préalable ».

Question : Peut-il exister un pouvoir ouvert ? Ou bien est-il intrinsèquement répressif ?

Michel Foucault : Je crois que les relations, le modèle du pouvoir ne doit pas être compris comme un système oppressif qui viendrait d'en haut et qui s'abattrait sur les individus, leur interdisant ceci ou cela. Je crois que le pouvoir, c'est un ensemble de relations. Qu'est-ce que c'est qu'exercer du pouvoir ? Exercer du pouvoir, ce n'est pas prendre ce magnétophone et le jeter par terre. J'en ai la possibilité : j'en ai la possibilité matérielle, j'en ai la possibilité physique, j'en ai la possibilité sportive…

Question : Peut-être même la volonté ?

Michel Foucault : Je n'exercerais pas de pouvoir en faisant ça. Mais en revanche, si je prends ce magnétophone, je le jette par terre, pour vous embêter, *vous*, ou pour que vous ne puissiez pas répéter ce que j'ai dit, ou pour faire pression sur vous et obtenir que vous vous comportiez de telle ou telle façon, ou pour vous intimider, vous, c'est-à-dire lorsque j'essaie d'agir sur votre conduite par un certain nombre de moyens, à ce moment-là, j'exerce un pouvoir. C'est-à-dire que le pouvoir est une relation entre deux personnes. C'est une relation qui n'est pas du même ordre que la communication, même si vous êtes obligé de vous servir d'instruments de communication. Ce n'est pas la même chose que de vous dire « il fait beau » ou de vous dire « je suis né à telle date ». J'exerce un pouvoir sur vous, j'agis ou je cherche à agir sur votre conduite, et je cherche à conduire votre conduite et à diriger votre conduite. Le moyen le plus simple, évidemment, c'est de vous prendre par la main et de vous contraindre à aller ici ou là. Je dirais que ça, c'est en quelque sorte le degré zéro du pouvoir. C'est la forme limite, et c'est au fond à ce moment-là que le pouvoir cesse d'être un pouvoir et ne devient plus que de la force physique. En revanche, lorsque j'utilise mon âge, ma situation sociale, les connaissances que je peux avoir sur tel ou tel truc pour vous faire vous conduire de telle ou telle manière – c'est-à-dire, lorsque je ne vous force à rien et que je vous laisse libre –, c'est à ce moment-là que j'exerce le pouvoir. Il est évident que le pouvoir ne va pas se définir à partir d'une violence contraignante qui réprimerait les individus, les forcerait à faire telle chose et les empêcherait de faire telle autre ; mais c'est lorsqu'il y a un rapport entre deux sujets libres et qu'il y a dans ce rapport un déséquilibre tel que l'un peut agir sur l'autre et que l'autre est « agi », ou accepte de l'être. Alors, à partir de là… je ne sais plus quel était le point de départ de la question. Ah oui, si le pouvoir est toujours répressif ? Mais non, il peut prendre un certain nombre de formes et, après tout, il peut y avoir des rapports de pouvoir qui sont ouverts.

Question : C'est-à-dire égaux ?

Michel Foucault : Jamais égaux, parce que du moment qu'il y a un pouvoir, il y a une inégalité. Mais vous pouvez avoir des systèmes réversibles. Prenez, par exemple, ce qui se passe dans un rapport érotique. Je ne parle même pas d'un rapport amoureux, je parle seulement d'un rapport érotique. Vous savez parfaitement que c'est un jeu de pouvoir, et où la puissance physique n'est pas forcément l'élément le plus important. Et vous avez, l'un vis-à-vis de l'autre, une certaine manière d'agir sur la conduite de l'autre, de la déterminer, quitte à ce que l'autre se serve de ça précisément, ensuite, pour déterminer à l'inverse la vôtre. Vous voyez qu'on a un type, là, tout à fait local, bien sûr, de pouvoir réversible – [je veux dire][a] limité. Mais, si vous voulez, les relations de pouvoir, en elles-mêmes, ne sont pas [uniquement][b] de la répression.

a. Conjecture ; quelques mots difficilement audibles.
b. Conjecture ; un mot difficilement audible.

Seulement, ce qui arrive, c'est que dans des sociétés, dans la plupart des sociétés, peut-être dans [toutes les sociétés][a], il y a des organisations qui sont faites pour que les rapports de pouvoir soient figés, maintenus, au profit d'un certain nombre, dans une dissymétrie sociale, économique, politique, institutionnelle, etc., qui fige totalement la situation. Et, à ce moment-là, c'est en général ça qu'on appelle le pouvoir au sens strict. C'est, en fait, un type de relation de pouvoir institutionnalisé, figé, immobilisé, au profit de certains, aux dépens d'autres.

Question : Et les uns et les autres en sont victimes ?

Michel Foucault : Oh non, ceux qui exercent le pouvoir, c'est un peu trop facile de dire qu'ils sont victimes. Enfin, il leur arrive d'être en effet pris au piège, pris dans l'exercice du pouvoir. Enfin, ils sont beaucoup moins victimes que les autres.

Question : Comment les marxistes peuvent-ils vous critiquer ? Vous n'êtes pas orthodoxe, bien sûr, mais vous vous alignez, semble-t-il, sur les positions marxistes.

Michel Foucault : Je m'aligne ? Je ne sais pas. Voyez-vous, je ne sais pas ce que c'est que le marxisme. Je ne crois pas, d'ailleurs, que ça existe, en soi et pour soi. En fait, le malheur – ou le bonheur, comme on veut – de Marx a été que sa doctrine a toujours été reprise en compte par des organisations politiques. Et c'est tout de même la seule théorie historique, philosophique à la limite, dont la permanence, au cours d'un siècle maintenant, a toujours été liée à l'existence d'organisations sociopolitiques extraordinairement fortes, extraordinairement combatives, et même jusqu'à être liées à des appareils d'État en Union Soviétique. Alors, quand on me parle du marxisme, je dirais : lequel ? Celui qu'on enseigne

a. Conjecture ; quelques mots inaudibles.

en République Démocratique Allemande, le *Marxismus-Leninismus*? Est-ce que c'est les vagues concepts échevelés et bâtards que quelqu'un comme Georges Marchais utilise? Est-ce que c'est le corps de doctrine auquel se réfèrent certains historiens anglais? Enfin, moi, je ne sais pas ce que c'est que le marxisme. J'essaie de me battre avec les objets de mon analyse, et lorsque, effectivement, il me semble qu'il y a un concept qu'on peut trouver chez Marx ou chez un marxiste, [un concept] qui doit coller, je l'utilise. Mais ça m'est tout à fait égal, je n'ai jamais voulu, j'ai toujours refusé de considérer que la conformité ou la non conformité à l'égard du marxisme pouvait faire, ou pouvait constituer un critère de différence pour accepter ou éliminer ce que j'étais en train de dire. Je m'en moque éperdument, éperdument. Alors quand les marxistes rejettent un certain nombre de choses dont je sais pourtant parfaitement, parce que je les ai trouvées dans Marx [...][a], quand les marxistes me critiquent sur ces points où précisément je suis le plus proche de ce que Marx a dit, je rigole, et je me convaincs, une fois de plus, que parmi les gens très nombreux qui ne connaissent pas Marx, [se trouvent ceux qu'il convient][b] de mettre au premier rang des marxistes. C'est tout, c'est tout. Si on ajoute à ça que, bien sûr, en bons militants politiques, ils ne présentent jamais la position de l'adversaire d'une façon correcte, sincère, authentique et objective, ils prêtent des choses qu'on n'a jamais dites, ils bâtissent des caricatures, etc., je ne vois pas pourquoi j'entrerais dans ces discussions.

a. Quelques mots inaudibles.

b. Conjecture; sans l'ajout de ces mots, la fin de la phrase est incompréhensible.

Question : Avez-vous une idée de systèmes de pouvoir pour gouverner, pour organiser les êtres humains, qui ne seraient pas répressifs ?

Michel Foucault : Mais, vous comprenez, un programme de pouvoir, ça ne peut prendre que trois formes. Ou bien : comment exercer le pouvoir le mieux possible, c'est-à-dire le plus efficacement possible, ce qui veut dire, en gros : comment le renforcer ? Ou bien, position complètement inverse, qui est : comment renverser le pouvoir, à quoi s'attaquer pour que telle ou telle cristallisation des relations de pouvoir soit mise en question ? Et puis vous avez la position intermédiaire qui consiste à dire : comment est-ce qu'on peut limiter le moins mal possible les relations de pouvoir telles qu'elles se constituent et se bloquent ensuite dans une société ? La première position ne m'intéresse pas – faire un programme de pouvoir pour mieux l'exercer. La seconde me paraît intéressante, mais me paraît devoir être envisagée essentiellement en fonction de ses objectifs, c'est-à-dire des luttes concrètes qu'on doit mener, et ça implique précisément qu'on ne fasse pas une théorie *a priori*. Quant aux formes intermédiaires – quelles sont les conditions de pouvoir qui sont acceptables ? –, je dis que ces conditions acceptables d'exercice du pouvoir ne peuvent pas être définies *a priori* : elles ne sont jamais que le résultat d'un rapport de force à l'intérieur d'une société, et qui fait qu'en l'état, dans tel état des choses, il se trouve que tel ou tel déséquilibre permettant des relations de pouvoir est, en somme, toléré par ceux qui en sont les victimes, qui sont [dans la] position la plus défavorisée pour un certain temps. Alors, va donc dire que c'est ça qui est acceptable ! Puis on s'aperçoit très vite, et de fait toujours, quelquefois au bout de quelques mois, quelquefois plusieurs années, des siècles, éventuellement, [que] les gens résistent, [que] ce compromis-là ne marche plus. Voilà.

Mais il n'y a pas à donner une formule optimale et définitive de l'exercice du pouvoir.

Question : Voulez-vous dire que quelque chose se fige dans les rapports entre les hommes et que cela devient, au bout d'un certain temps, intolérable ?

Michel Foucault : Oui, enfin, quelquefois ça l'est tout de suite. Encore une fois, le pouvoir tel qu'il est, les relations de pouvoir telles qu'elles existent dans telle ou telle société, ne sont jamais que les cristallisations de rapports de force, et il n'y a pas de raison que cette cristallisation des rapports de force puisse se formuler, doive se formuler comme théorie idéale des rapports de pouvoir dans une société donnée. En un sens, Dieu sait si je ne suis pas structuraliste, ni linguiste, etc., mais enfin, vous comprenez, c'est un petit peu comme si un grammairien venait dire : « Eh bien, voilà comment doit être la langue, voilà comment l'anglais ou le français doit être parlé. » Mais non ! On peut dire comment une langue est parlée à un moment donné, qu'est-ce qu'on comprend et qu'est-ce qui est inacceptable, incompréhensible, et puis c'est tout ce qu'on peut en dire. Et ça ne veut pas dire, pourtant, que ce travail sur la langue ne permettra pas des innovations.

Question : Vous refusez de parler en termes positifs, sauf pour le moment présent.

Michel Foucault : À partir du moment où on conçoit le pouvoir comme un ensemble de relations, de relations qui sont des relations de force, il ne peut pas y avoir de définition programmatique d'un état des forces optimum ; ou on ne peut le faire que si, alors, on prend parti en disant : « Moi, je souhaite que ça soit, par exemple, la race blanche et aryenne et pure qui prenne le pouvoir et qui l'exerce. » Ou encore dire : « Je veux que ça soit le prolétariat qui exerce le pouvoir, et qui l'exerce de façon totale

[…]a.» À partir de ce moment-là, oui, c'est une donnée, un programme de construction de pouvoir.

Question : Est-il inhérent à l'existence des êtres humains que leur organisation se traduise par une forme répressive de pouvoir ?

Michel Foucault : Bien sûr. À partir du moment où il y a des gens qui se trouvent, dans le système des relations de pouvoir, dans une position telle qu'ils peuvent agir sur les autres et déterminer la conduite des autres, eh bien, la conduite des autres ne sera pas totalement libre. Par conséquent, selon les seuils de tolérance, selon tout un tas de variables, ça sera plus ou moins accepté, plus ou moins refusé, mais ça ne sera jamais totalement accepté, il y aura toujours des butées, il y aura toujours des gens qui ne voudront pas accepter, il y aura toujours des points où les gens se révolteront, résisteront.

Question : Ne faudrait-il pas distinguer volonté consciente et volonté inconsciente ? Je peux choisir de me soumettre, d'accepter un pouvoir : peut-on parler, dans ce cas, de domination ? On peut aussi me dire : « Même si tu ne choisis pas, c'est bon pour toi, tu le veux en fait, et moi, je le sais. » Dans quel cas peut-on parler de domination ?

Michel Foucault : Eh bien, je ne sais pas ce que c'est qu'une volonté inconsciente. Le sujet de volonté veut ce qu'il veut, et à partir du moment où vous introduisez en lui un clivage qui consiste à dire : « Tu ne sais pas ce que tu veux. Moi, je vais te dire ce que tu veux », il est évident que c'est un des moyens fondamentaux pour exercer le pouvoir.

Question : Mais, dans le cas des gens qui acceptent qu'un pouvoir soit exercé sur eux, peut-on parler de domination ?

a. Quelques mots inaudibles.

Michel Foucault : Eh bien si, vous acceptez d'être dominé, c'est tout.

Question : Mais pour eux, ce n'est pas une domination.

Michel Foucault : Si, ils acceptent d'être gouvernés, ils acceptent d'être dirigés.

Question : Une question concrète : comment feriez-vous pour résoudre le problème de la criminalité ? Ou un autre exemple que m'a donné le Professeur Dreyfus : il a dit que son enfant voulait écrire sur les murs et que, selon vous, l'en empêcher serait un acte de répression. Doit-on laisser faire ou dire « ça suffit ! » ?

Michel Foucault : Non, je n'ai absolument pas dit, à propos de l'enfant du Professeur Dreyfus, qui voulait écrire sur les murs, que c'était l'opprimer que de l'en empêcher. [...] N'étant ni marié, ni père de famille, je me serais bien gardé de dire quoi que ce soit. Si je me faisais du pouvoir l'idée qu'on me prête souvent, que c'est quelque chose d'horrible et de répressif, enfin quelque chose d'horrible dont la fonction est de réprimer l'individu, il est évident qu'empêcher un enfant d'écrire sur un mur serait une tyrannie insupportable. Mais ce n'est pas ça que je dis. [Le pouvoir,] c'est une relation, une relation par laquelle on conduit la conduite des autres. Et il n'y a pas de raison que cette conduite, cette manière de conduire la conduite des autres, n'ait pas finalement des effets positifs, valables, intéressants, etc. Si j'avais un môme, je vous promets qu'il n'écrirait pas sur les murs, ou il écrirait, mais contre ma volonté.

Question : Il faut donc toujours examiner...

Michel Foucault : [Oui,] c'est tout à fait ça, c'est tout à fait ce que vous dites : un exercice du pouvoir ne doit jamais aller de soi. Ce n'est pas parce que vous êtes père que vous avez le droit d'envoyer des gifles à votre enfant. Dites-vous bien que, quand vous agissez sur sa conduite – et souvent même en ne le punissant pas, c'est une certaine manière d'agir aussi sur sa conduite –, vous entrez là dans un système de choses très complexe et, en effet, qui demande infiniment de réflexion. Et quand on songe, si vous voulez, au soin avec lequel, dans notre société, on a interrogé les systèmes sémiotiques pour savoir quelles étaient les valeurs signifiantes pour des tas de choses, je dirais qu'on a, par rapport à ça, relativement négligé les systèmes d'exercice du pouvoir, en ne prêtant peut-être pas suffisamment attention aux conséquences complexes des enchaînements qui se produisent à partir de là.

Question : Votre position échappe continuellement à la théorisation. C'est quelque chose qu'il faut refaire à chaque instant.

Michel Foucault : [Oui,] c'est une chose qu'il faut refaire à chaque instant. C'est une pratique théorique, si vous voulez, c'est une manière de théoriser la pratique, ce n'est pas une théorie. Je crois que, quand on analyse les rapports de pouvoir d'une certaine façon, comme j'essaie de le faire maintenant, là, ce que je dis n'est pas contradictoire.

Question : Votre position est très différente de ce que j'imaginais…

Michel Foucault : On se fait de moi l'idée d'une espèce d'anarchiste radical qui aurait pour le pouvoir une espèce de haine absolue, etc. Non ! J'essaie, à l'égard de ce phénomène extrêmement important et difficile dans une société qu'est l'exercice du pouvoir, de prendre l'attitude la plus réfléchie et, je dirais, la plus prudente possible ; prudente, au point de vue de l'analyse, c'est-à-dire, effectivement, des postulats possibles, des postulats aussi bien moraux que théoriques : [il faut savoir]ᵃ de quoi il s'agit. Mais interroger les relations de pouvoir avec le plus de scrupule, le plus d'attention possible, et dans tous les domaines où elles peuvent s'exercer, ne veut pas dire [construire] une mythologie des pouvoirs comme la bête de l'Apocalypse [...]ᵇ.

Question : Quels sont les principes qui guident votre action envers les autres ?

Michel Foucault : Je vous l'ai dit : refus, curiosité et innovation.

Question : Ne sont-ils pas tous négatifs ?

Michel Foucault : Mais vous comprenez bien que la seule éthique qu'on puisse avoir à l'égard de l'exercice du pouvoir, c'est la liberté des autres. Alors, encore une fois, je ne vais pas aller les contraindre en leur disant : « Faites l'amour comme ça ! Ayez des enfants ! Travaillez ! »

Question : J'avoue que je me trouve un peu perdu, sans orientation, parce qu'il y a trop d'ouverture…

Michel Foucault : Mais écoutez, écoutez. Comme c'est difficile ! Je ne suis pas un prophète, je ne suis pas un programmateur, je n'ai pas à dire [aux gens] ce qu'ils ont à faire, je n'ai pas à leur dire : « Ça, c'est bien pour vous ; ça, ce n'est pas bien pour vous. » J'essaie d'analyser une situation dans ce qu'elle peut avoir de complexe, avec comme fonction, [pour] cette tâche d'analyse, de permettre, à la fois, et le refus, et la curiosité, et l'innovation. Voilà. […] Je n'ai pas à dire aux gens : « Cela est bon pour vous. »

Question : Et pour vous personnellement ?

a. Conjecture ; quelques mots difficilement audibles.
b. Quelques mots inaudibles.

154

Michel Foucault : Ça ne regarde personne. Je crois qu'au centre de ça, il y a tout de même une équivoque sur la fonction, comment dire, ou de la philosophie, ou de l'intellectuel, ou du savoir en général, qui est que c'est à eux de nous dire ce qui est bien. Eh bien non ! Ce n'est pas leur rôle. Ils n'ont que trop tendance à le jouer, ce rôle-là. Ça fait deux mille ans qu'ils nous disent ce qui est bon, avec les conséquences catastrophiques que cela implique. Alors, vous comprenez, il y a un jeu qui est terrible, qui est un jeu piégé, dans lequel les intellectuels [...][a] tendent à dire ce qui est bien, les gens ne demandent qu'une chose, c'est qu'on leur dise ce qui est bien, et on ne le leur a pas plutôt dit qu'ils se mettent à crier : « Comme c'est mal ! » Eh bien, changeons le jeu ! Et disons que les intellectuels n'auront plus à dire ce qu'est le bien, et que ça sera aux gens, à partir des analyses des réalités proposées, de travailler, ou de se conduire spontanément de manière telle qu'ils définissent eux-mêmes ce qui est bon pour eux. [...]

Le bien, ça s'innove. Le bien, ça n'existe pas, comme ça, dans un ciel intemporel, avec des gens qui seraient comme les astrologues du bien et qui pourraient dire quelle est la conjoncture favorable des astres. Le bien, ça se définit, ça se pratique, ça s'invente. Mais c'est un travail, c'est un travail non seulement à plusieurs, [mais] c'est un travail collectif. C'est plus clair, là, maintenant ?

a. Quelques mots inaudibles.

INDEX DES NOMS

TABLE DES MATIÈRES

Librairie Philosophique J. Vrin

« **Philosophie du présent** »

Collection dirigée par Jean-François BRAUNSTEIN,
Arnold I. DAVIDSON et Daniele LORENZINI

L e but de cette collection est de mettre au centre des
interrogations philosophiques la question du présent, de notre
présent, et de réactiver, à l'égard de cette question, une attitude à la
fois théorique et pratique : le présent se configure bien sûr comme un
donné, mais aussi et en même temps comme une tâche. En prenant
toujours comme point de départ un problème actuel, les livres que
nous publierons montrent que chacun de ces problèmes renvoie
inévitablement à une configuration historique, et que présent et
histoire ne sont pas deux dimensions séparées de notre expérience. Si
le présent est le lieu, le seul lieu possible de notre action et de notre
activité créatrice, notre efficacité suppose de rendre visible ce que
d'ordinaire nous ne voyons pas, non parce qu'il est caché, mais
précisément parce qu'il est sous nos yeux. Dans la contingence de
notre présent nous sommes appelés à dégager la possibilité
d'introduire un écart pour mettre à l'épreuve les limites qui nous sont
constamment imposées. Notre rapport au présent prend ainsi la forme
d'une attitude critique.

Cette collection est vouée à accueillir une série d'ouvrages qui,
implicitement ou explicitement, et dans des domaines différents,
témoignent de cette attitude fondamentale, dans la conviction que,
pour utiliser les mots de Foucault, faire du travail en philosophie
signifie toujours introduire une différence significative dans le
champ du savoir, en ouvrant ainsi l'accès à une autre figure de la
vérité, et peut-être aussi à une autre manière de penser et de vivre.

ACHEVÉ D'IMPRIMER
EN OCTOBRE 2013
PAR L'IMPRIMERIE
DE LA MANUTENTION
A MAYENNE
FRANCE
N° 2126789G

Dépôt légal : 4ᵉ trimestre 2013